河南省高等学校哲学社会科学创新团队支持计划（项目编号：2014-CXTD-10）

货币政策传导机制
——数理建模与实证

李松华　著

中国水利水电出版社
www.waterpub.com.cn

内 容 提 要

本书主要通过构建包含货币政策的新凯恩斯主义的动态随机一般均衡模型（DSGE），采用贝叶斯和极大似然方法估计了线性 DSGE 模型的结构参数，并结合脉冲响应图和 DSGE 模型的行为方程分析了我国货币政策的具体传导途径，探讨了 GDP 总构成中的消费和投资在货币政策传导中的相对作用。具体内容包括绪论，动态随机一般均衡模型的求解、估计，基于 DSGE 模型的货币供应量传导实证研究，基于 DSGE 模型的利率传导实证研究，信贷、货币供应量传导实证研究和全文总结及研究展望。

图书在版编目（CIP）数据

货币政策传导机制：数理建模与实证 / 李松华著. -- 北京：中国水利水电出版社，2015.1（2022.9重印）
ISBN 978-7-5170-2917-5

Ⅰ. ①货… Ⅱ. ①李… Ⅲ. ①货币政策-研究 Ⅳ. ①F821.0

中国版本图书馆CIP数据核字(2015)第023294号

策划编辑：杨庆川　责任编辑：陈　洁　封面设计：崔　蕾

书　　名	货币政策传导机制：数理建模与实证
作　　者	李松华　著
出版发行	中国水利水电出版社 （北京市海淀区玉渊潭南路1号D座 100038） 网址：www.waterpub.com.cn E-mail：mchannel@263.net（万水） 　　　　sales@mwr.gov.cn 电话：(010)68545888（营销中心）、82562819（万水）
经　　售	北京科水图书销售有限公司 电话：(010)63202643、68545874 全国各地新华书店和相关出版物销售网点
排　　版	北京鑫海胜蓝数码科技有限公司
印　　刷	天津光之彩印刷有限公司
规　　格	170mm×240mm　16开本　12.5印张　157千字
版　　次	2015年6月第1版　2022年9月第2次印刷
印　　数	3001—4001册
定　　价	45.00元

凡购买我社图书，如有缺页、倒页、脱页的，本社发行部负责调换

版权所有·侵权必究

前　言

　　货币政策传导决定了货币政策对宏观经济的真实效应。尽管学术界在理论和实证上对该问题讨论颇多，也得出了一些共同性的结论，但货币政策传导的相关理论还有待进一步检验和探讨。现有文献对货币政策传导的量化研究多采用了协整、格兰杰因果检验以及向量自回归(VAR)模型等计量手段，研究目标也主要是检验货币政策传导渠道的存在性，而没有分析货币政策通过该渠道是如何作用于产出等实际经济。此外，关于货币政策传导机制的共识多是基于西方国家完善的市场经济环境达成的，而我国正处于社会主义市场经济的完善发展阶段，经济环境的不同导致现有货币政策传导的研究结论未必可以直接用来指导中国的货币政策实施。在此背景下，运用动态随机一般均衡模型(DSGE)研究我国的货币政策传导，不仅具有检验西方货币政策传导理论的意义，而且探讨中国货币政策传导的具体途径对中国的货币政策实施具有显著的现实意义。

　　本书通过构建包含货币政策的新凯恩斯主义的动态随机一般均衡模型(DSGE)，采用贝叶斯和极大似然方法估计了线性DSGE模型的结构参数，并结合脉冲响应图和DSGE模型的行为方程分析了我国货币政策的具体传导途径，探讨了GDP总构成中的消费和投资在货币政策传导中的相对作用。通过实证研究，本书得出了以下几点有意义的结论：

第一,外生随机扰动的光滑估计以及基于反事实仿真的观测变量拟合值与其实际值的比较说明,本文所构建的DSGE模型成功地描述了中国的经济现实,结合脉冲响应图动态地刻画出了中国货币政策的具体传导途径,因而用来分析我国的货币政策传导问题是适宜的。

第二,脉冲响应分析表明,消费和投资在我国货币政策传导中发挥的作用是不同的。投资在货币供应量、利率、贷款等货币政策冲击的传导中发挥着主导作用,消费的传导作用相对较小。

第三,真实经济往往会遭受多种冲击,为了使模型更好地拟合我国的经济现实,除了货币政策冲击,本文的DSGE模型将消费偏好、投资调整成本、价格加成、工资加成、技术以及货币需求等随机扰动纳入了模型的分析框架。实证结果表明,除了消费偏好冲击情形,消费主导了该冲击的传导,其他冲击都是主要通过投资而传导的,消费的传导作用较小。

第四,在货币供应量中介目标备受批评的背景下,本书第4章在修订的泰勒规则下考察了利率作为我国货币政策中介目标的可行性。研究表明,外生随机扰动通过利率对消费、投资并进而对产出产生影响,且修订的泰勒规则的参数估计都是显著的,因而说明利率作为我国货币政策中介目标具有一定的可行性。

本书的主要贡献和创新性体现在以下几个方面:

第一,本书运用结构化的动态随机一般均衡模型(DSGE)分析了我国货币政策的具体传导途径,而非仅仅检验货币政策传导渠道的存在性,这是对现有研究的一个丰富。

第二,检验了运用动态随机一般均衡模型(DSGE)分析我国经济问题的适用性,特别是分析我国货币政策传导的适用性。

第三,研究结论具有丰富的政策含义。实证结果表明,投资主导了我国的货币政策传导,消费的作用较小。其政策意义是,

前言

改善我国的货币政策传导需要从扩大消费需求着手。

本书系"河南省高等学校哲学社会科学创新团队支持计划（项目编号：2014-CXTD-10）"这一课题的研究成果。

由于作者水平的限制，本书所包含的内容难免有遗漏或不当之处，敬请读者批评、指证。

作　者

2014 年 10 月

目 录

前言
第 1 章　绪论 …………………………………………… 1
　1.1　本书的研究背景及研究意义 …………………… 1
　1.2　文献综述 ………………………………………… 4
　1.3　本书的研究目标、研究方法、研究内容 ……… 19
　1.4　主要创新点 ……………………………………… 21
第 2 章　动态随机一般均衡模型的求解、估计 ……… 23
　2.1　动态随机一般均衡模型简介 …………………… 24
　2.2　非线性 DSGE 模型的线性化 …………………… 27
　2.3　线性 DSGE 模型的数值求解（BK 方法）……… 29
　2.4　DSGE 模型的估计方法 ………………………… 34
　2.5　结论 ……………………………………………… 39
第 3 章　基于 DSGE 模型的货币供应量传导实证研究 … 41
　3.1　引言 ……………………………………………… 42
　3.2　动态随机一般均衡模型（DSGE）的构建 ……… 44
　3.3　数据和模型估计 ………………………………… 57
　3.4　DSGE 模型适用性分析 ………………………… 62
　3.5　外生冲击传导的脉冲响应分析 ………………… 72
　3.6　结论 ……………………………………………… 83

第4章 基于DSGE模型的利率传导实证研究 ………… 85
4.1 引言 ………… 86
4.2 动态随机一般均衡模型(DSGE)的构建 ………… 87
4.3 数据和模型估计 ………… 101
4.4 DSGE模型适用性分析 ………… 105
4.5 外生冲击传导的脉冲响应分析 ………… 116
4.6 结论 ………… 124

第5章 信贷、货币供应量传导实证研究 ………… 126
5.1 文献综述 ………… 127
5.2 动态随机一般均衡模型(DSGE)的构建 ………… 128
5.3 数据和模型估计 ………… 143
5.4 DSGE模型适用性分析 ………… 149
5.5 外生冲击传导的脉冲响应分析 ………… 161
5.6 结论 ………… 173

第6章 总结及研究展望 ………… 174
6.1 总结 ………… 174
6.2 改善我国货币政策传导机制的对策 ………… 176
6.3 研究展望 ………… 178

参考文献 ………… 179

第1章 绪论

1.1 本书的研究背景及研究意义

1.1.1 研究背景

尽管长期中货币政策是"中性"的,对产出等实际经济变量不具有真实效应,但在短期中,货币政策确实可以影响实际经济。基于这一认识,世界各国运用货币政策干预宏观经济已经成为一种普遍的做法。既然货币政策是"非中性"的,并在实践中得到了广泛的应用,那么货币政策是通过什么途径而对实际经济产生影响的呢?也就是货币政策传导机制问题,这向来是宏观经济研究的一个热点,也是争论最多的问题之一。

多年来,我国一直运用货币政策干预宏观经济,并于1995年通过了《中华人民共和国中国人民银行法》,该法明确地提出了我国的货币政策目标是"保持货币币值的稳定,并以此促进经济增长"。为实现这一政策目标,近年来我国货币政策动作频繁。

1996—2002年间,面对实现"软着陆"之后国内国际经济形势的新变化,中国人民银行配合国家扩大内需的总体经济方针,先后采取了一系列具有扩张性的货币政策。包括8次降息、2次调低存款准备率、取消实施多年的贷款规模管理、扩大公开市场操作、增加再贴现规模、出台各种窗口指导政策、大力倡导消费信贷等。其扩张意图之明显、扩张政策工具之多、扩张力度之大实为我国宏观调控历史之最。

2004年10月之后,为缓解经济偏热的压力,我国进入了加息周期。特别是2007年以来,为了应对较为严重的结构性通货膨胀压力,中国人民银行连续6次上调金融机构人民币存贷款基准利率,并连续15次提高存款类金融机构人民币存款准备金率,到2008年2月金融机构一年期存款和贷款的基准利率分别提高到4.14%和7.47%,存款类金融机构人民币存款准备金率也于2008年6月7日提高到17.5%,这一阶段我国货币政策"紧缩"的态势明显。

自2008年下半年开始,受美国"次贷危机"爆发所引起的国际经济金融环境急剧恶化的影响,为防止经济增长速度过快下滑和出现大的波动,我国开始实行积极的财政政策和适度宽松的货币政策。其中,货币政策方面,中国人民银行于2008年9月16日将金融机构1年期人民币贷款利率下调至7.20%,并从11月27日起,再次将存贷款基准利率均下调1.08个百分点,同时下调中央银行再贷款、再贴现等利率。

有数据表明,我国货币政策的实施效果是明显的:1996年以来,我国的GDP基本保持了年均10%的增长率,而且在次贷危机爆发的2008年及之后的2009年,我国经济也分别保持了9%和8.7%的增长速度。

1.1.2 研究意义

我国货币政策通过什么途径影响产出等实际经济变量？怎样才能更好地发挥货币政策对我国经济的促进作用呢？对于这些问题的回答,在理论和现实方面有着重要意义。

近三百年来,众多经济学者,包括古典的萨伊、休漠和斯密,现代的凯恩斯、弗里德曼和托宾,近代的米什金和伯南克等都对货币政策的传导进行过讨论。而且,随着计量经济学等学科的发展,出现了大量有关货币政策传导机制的实证研究。尽管西方经济学家关于货币政策传导机制的研究得出了一些共同性的结论,但货币政策传导机制的相关理论还有待进一步研究和检验。

对我国而言,关于货币政策传导机制的研究显然更具意义。因为西方学者关于货币政策传导的研究都是基于较为完善的市场经济环境进行的,而我国正处于社会主义市场经济体制的发展完善阶段,经济环境显然无法与西方发达的市场经济国家相比,西方学者的研究结论未必可以直接用来指导我国的货币政策,因而,结合我国的实情,检验西方货币政策传导理论对中国的适用性,并找出我国货币政策通过何种途径对真实经济产生影响,显然具有重要的实际应用价值。而且,在理论上,运用动态随机一般均衡模型(DSGE)对我国货币政策传导进行数量分析,可以加深我们对中国货币政策传导机制的了解。

本书正是在对西方货币政策传导理论认识的基础上,通过构建货币政策分析的动态随机一般均衡模型(DSGE),运用实证研究的方法定量分析我国货币政策影响产出的途径,进而探讨完善我国货币政策传导的对策。

1.2 文献综述

所谓货币政策传导机制,一般是指货币政策影响实体经济的方式或机制。货币政策传导的机制或渠道的多少取决于一定的金融结构。根据 Mishkin(1996),可以将货币政策传导渠道划分为以下几种:利率传导渠道、货币供应量传导渠道、资产价格传导渠道(包括关于投资的 q 渠道、关于消费的财富效应渠道、关于居民资产组合的流动性渠道等)、信贷传导渠道以及开放经济条件下的汇率渠道。

1.2.1 货币政策传导的相关理论研究

1)利率传导渠道的理论研究

一是维克塞尔的自然利率说。他把利率分为两种:货币利率,即由市场供求决定的利率,亦即银行的贷款利率;自然利率,也就是使借贷资本需求与储蓄供给相等的利率,大致相当于新形成资本的预期收益率。维克塞尔认为货币利率与自然利率相等,则货币政策就不会对真实经济产生影响;但实际经济中,这两种利率总是相背离的,从而货币对经济具有真实效应。

二是凯恩斯(1936)的利率传导渠道理论。凯恩斯认为货币政策通过影响利率、有效需求,进而对实际经济产生影响。以扩张性货币政策为例,货币供应量增加会导致利率下降和投资增加,进而通过乘数效应直接增加社会总需求和收入。由此,凯恩斯的货币政策传导途径可概括为:货币供给↑→利率↓→投资↑

→产出↑。

2) 货币供应量传导渠道的理论研究

一是 Fisher(1911)的现金交易说,即 $MV=PT$。该理论认为现金流通速度 V 和与生产能力相对应的交易量 T 在一定时间内受技术条件限制,从而可视为常数,因此,从货币交易功能视角确定的货币量 M 的增长会带来价格 P 的同比例上涨。

二是 Marshall(1923)、Pigou(1917)的现金余额说,即 $M=kPY$。这一学说与现金交易说的观点一致。该理论认为货币资产存量 M 与名义收入成一定比例 k,而 k 取决于一定历史条件下的技术、偏好以及预期因素,可视为常数;实际产出 Y 受生产能力以及充分就业量的限制也可视为常数。因此,当货币量 M 增加而超过了人们意愿持有的数量时,人们会增加开支,由此导致货币流通速度加快、商品供求失衡,最终导致价格 P 同比例货币量 M 而上涨。

三是货币学派的观点。该观点与上述两种学说"货币供给导致物价同比例上涨,没有真实效应"的观点相反。Friedman & Schwarz(1963)认为,货币供应量增长率的变动是导致经济周期性波动的原因,货币政策的传导过程较为直接和迅速,因此,货币学派仅从实证上检验货币供应量与国民收入的相关性,而不探讨货币供应量对国民收入的具体作用方式或影响过程。简言之,货币学派将货币政策传导过程概括为:货币供应量→国民收入。

3) 资产价格传导渠道的理论研究

货币政策的资产价格传导机制关注多种资产价格,且资产价格在货币政策传导中作用的发挥是通过财富变动效应以及由不同资产之间不完全替代性所形成的资产结构调节效应而实现的。更进一步地,资产价格变动通过影响投资和消费而对国民收入等产出变量产生影响。

资产价格通过投资途径而对产出产生真实效应的解释有三种：

一是 Tobin(1969)的 q 理论。该理论认为，货币政策通过影响企业的股票价值而对真实经济产生影响。q 的含义是金融市场估价的增值与相关投资成本的比率。具体地，当 q 大于 1 时，新工厂和设备的购买成本相对于企业的市场价值为低，从而企业增加投资；相反，当 q 小于 1 时，企业会减少投资。而当 q 等于 1 时，则资本形成进而投资将以经济的自然增长速度重置和扩张。以扩张性货币政策为例，基于 q 理论的货币政策传导机制可描述为：货币供给↑→利率↓→股票价格↑→企业的 q 值↑→投资↑→总产出、总收入↑。

二是 Bernanke & Gertler(1988)的企业资产负债表效应，又称平衡表效应。Bernanke & Gertler 认为，不完全竞争金融市场上的信息不对称导致贷款者易于遭受逆向选择和道德风险，由此，投资水平取决于借款者的资产负债表状况，即取决于借款人的净值与负责的比率。货币政策通过影响借款人的授信能力而影响银行对借款人的授信，并作用于借款人的投资活动。以中央银行实施紧缩性货币政策政策为例：货币紧缩时，名义利率上升、股票价格下跌，从而借款人的资产状况恶化，抵押品价格降低，由于逆向选择，银行减少对借款人的贷款。同时，资产状况恶化导致借款人更倾向于从事高风险投资项目，从而道德风险增加，银行进一步缩减贷款，由此导致投资减少进而总产出下降。

三是 Chami & Comsimano(1999)认为货币政策通过影响股东对其股票回报率的要求而影响企业的投资行为，并最终影响总产出。具体地，中央银行实施扩张性货币政策，增加货币供应量导致通货膨胀上升、股票的除息价值下降、股东的真实回报减少，企业在股东回报率要求的压力下增加投资，最终带来总产出的增加。这一传导机制可表述为：货币供应量↑→通货膨胀↑→股票除息价值↓→股票回报↓→投资↑→产出↑。

资产价格（主要是股票价格）通过消费途径而对产出产生真实效应的理论解释有两种：

一是Modigliani(1971)的消费的财富效应理论。Modigliani认为消费者会在其一生中按时间均匀安排其消费支出，且消费支出取决于其一生的可消费资源，包括消费者当前和未来的收入，以及主要由股票所构成的金融财富等。当股票价格上升时，消费者的金融财富增加、可消费资源增加，从而消费者的消费支出增加，进而国民收入增加。这一传导过程可概括为：货币供给↑→股票价格↑→居民财富↑→消费支出↑→总产出、总收入↑。

二是Mishkin(1976)的流动性效应理论。Mishkin认为，货币政策通过影响消费者的财富而改变其资产负债状况，进而资产负债决定了消费者对其陷入财富困难的可能性的估计。如果股票价格下跌，则消费者发生财务困难的可能性上升，从而会减少缺乏流动性的耐用消费品的支出；反之，股票价格上升，则消费者陷入财务困难的可能性降低，消费者会增加住房等耐用消费品支出。

但货币政策通过财富效应或流动性效应影响消费进而产出的传导途径的存在性具有两个前提条件：一是存在评价企业价值的股票市场；二是消费者主要以股票的形式持有金融资产，而非存款或债券。如果这两个条件不满足，则财富效应渠道和流动性效应渠道就不可能发挥作用（韩俊，1998）。

4) 汇率传导渠道的理论研究

理论上,在开放经济条件下,货币政策会通过汇率而对真实经济产生影响。汇率机制的形成和汇率政策的选择,会影响货币供给和货币政策的真实效应。蒙代尔－弗莱明的 IS-LM-BP 模型认为,在高度开放的经济中,资本具有高度流动性,因而在固定汇率制下,货币政策变动导致国内外利率水平偏离进而引发国际资本流动从而抵消了货币政策的调整效果,货币政策汇率传导渠道不存在;但在浮动汇率制度下,货币政策通过汇率而对经济具有真实效应。

货币政策通过汇率传导的途径有两条:一是进出口。当实行紧缩性货币政策时,货币供应量下降导致国内实际利率上升、外币流入,从而使本币升值、净出口下降,最终导致本国产出下降,即货币供应量↓→国内实际利率↑→外币流入、本币升值→净出口↓→产出↓。二是企业资产负债平衡表。扩张性货币政策导致本币贬值,持有大量外债的银行和企业的资产负债情况严重恶化,企业因为自身财务状况不佳,难以获得贷款去投资,而银行也因为自身的财务困境难于再提供贷款,从而使全社会的投资下降,进而产出随之下降,即货币供应量↑→本币贬值→银行、企业财务困难→投资↓→产出↓。

5) 信贷传导渠道的理论研究

关于货币政策信贷传导的理论解释有三种:

一是 Rosa(1951)的信用可得性理论。该理论认为资金供给者同样对利率变动反应敏感,其行为会对经济活动产生影响。因此,注重分析资金供给者对利率变动的敏感程度及其贷款行为,强调信用供给对利率变动的反应,认为贷款者对流动性的考虑及其提供信用的意愿影响实际经济。则信用可得性理论的传导机制可概括为:货币政策→利率→贷款者流动性→信用可得性→总产出。

二是银行信贷传导理论。该理论认为银行贷款与证券之间是不完全替代的,银行不会减持证券来弥补由于存款减少而导致的贷款供给下降,因而中央银行可以通过货币政策运作限制商业银行的贷款供给。具体地,银行信贷传导的过程可概括为:货币供给↓→银行准备金和存款↓→银行贷款↓→投资↓→总产出↓(以紧缩性货币政策为例)。并且,Bernanke & Blinder(1988)通过构建包含货币、信用渠道的CC-LM模型(其中,CC曲线表示商品和信贷市场同时处于均衡状态时产出和利率的组合)的研究认为即使存在"流动性陷阱",货币政策仍然可以通过变动贷款供给而使CC曲线移动,进而对实际经济产生影响。

三是资产负债表渠道,即广义信贷渠道理论。该理论认为紧缩货币供应量会使资产价值下跌、企业和消费者贷款抵押品价值下跌,而由于信息不对称和代理成本,抵押品价值下跌会导致外部融资溢价上升和信贷配给,进而导致投资和消费下降、产出下降。则货币政策的资产负责表渠道的传导过程可概括为:货币供应量↓→利率↑→净现金流量和股票等资产价格↓→企业、消费者资产状况恶化→贷款↓→投资、消费↓→产出↓。

1.2.2 货币政策传导的相关实证研究

1)利率传导渠道的实证研究

货币政策传导是否存在利率渠道,在实证研究中争论较多,歧见纷呈。

Taylor(1993)对美、加、德、法、日、意、英等7国的实证考察发现,固定资产投资与实际利率负相关,消费也对实际利率反应敏感,从而认为利率传导渠道存在。

Fuhrer & Moore(1995)对美国 1965—1994 年季度数据的研究表明,实际产出与短期名义利率负相关,且高利率水平与 6 个季度后的低产出水平高度相关,从而利率传导渠道存在。

Cassola & Morana(2004)运用脉冲响应和预测误差方差分解技术的研究表明,欧元区货币政策传导的利率渠道存在。

中国理论界对利率与产出关系的研究结论并不一致。不少研究认为利率杠杆在我国失灵。王召(2001)对我国 1978—2000 年间实际利率、M2、投资、GDP 的格兰杰因果检验表明,利率不是我国投资、GDP 的格兰杰原因,货币供应量 M2 与投资、实际利率、GDP 之间均存在由 M2 到投资、实际利率、GDP 的单向格兰杰因果关系,从而认为在我国的货币政策传导中利率渠道失效,而货币供应量渠道非常有效。

宋芳秀(2008)利用制造业上市公司面板数据的实证研究表明,利率对我国投资的反向刺激作用不显著,我国货币政策传导的利率渠道失效。

相反,赵昕东、陈飞、高铁梅(2002)基于 VAR 模型的研究表明,我国货币政策传导的利率渠道存在。宋旺、钟正生(2006)运用同样的方法表明,我国货币政策的利率传导渠道对实体经济的影响是有效的。

彭方平、王少平(2007)以新古典投资模型为框架,从微观的角度,利用动态面板数据模型,选取沪深两市 651 家上市公司作为截面单元,实证检验了我国货币政策的微观有效性问题。研究结果表明,中国货币政策通过改变政策利率以及影响国债到期收益率等,影响资本使用成本,从而影响公司的投资行为,说明了我国货币政策利率传导渠道是有效的。

2)货币供应量传导渠道的实证研究

王雪标、王志强(2000)运用我国 1984—1995 年的数据对货币政策传导途径的实证研究表明,我国货币政策传导的货币供应量渠道存在。

赵昕东、陈飞、高铁梅(2002)采用VAR模型和脉冲响应函数对我国1991—2001年的实际M2、实际利率和实际GDP的季度数据进行了实证研究,结果表明M2和实际利率都对实际GDP具有显著响应,从而认为我国货币政策传导的货币供应量渠道和利率渠道存在。

孙明华(2004)运用协整检验、格兰杰因果关系检验等技术,对我国1994年第一季度至2003年一季度的货币政策传导机制进行实证分析,协整检验表明货币供应量M1、M2均对GDP具有显著影响,贷款对GDP的影响不显著,且格兰杰因果检验也表明存在由M1、M2到GDP的单向因果关系,而贷款与GDP之间存在由GDP到贷款的单向因果关系,从而说明货币供应量传导渠道存在,而信贷传导渠道不存在。

由于研究中采用的数据不同,另有一些学者的研究结论与上述观点相反。

莫万贵、王立元(2008)运用2000—2007年的季度累计同比数据对我国的M2、CPI、GDP进行了协整和格兰杰因果关系检验,研究表明M2与GDP之间存在由GDP到M2的单向格兰杰因果关系,从而认为我国货币政策传导的货币供应量渠道不存在。

3)资产价格传导渠道的实证研究

理论分析中,资产价格通过影响企业和消费者的投资、消费支出而对实际经济具有真实效应,但实证研究的结论存在颇多争议。

Levine & Zervos(1998)利用41个国家自1976—1993年的经验数据进行时间序列回归分析发现,股票市场与长期经济增长之间存在很强的正相关关系。

　　国际货币基金组织 IMF(2000)的一项研究也表明,在美国 90 年代中后期的经济扩张中,资产价格对投资的影响非常显著,Tobin 的 q 在 1992 年到 1998 年间上升了 75%。其他国家,例如澳大利亚、英国、日本也是如此。这说明股票市场在发达国家确实具有促进投资的作用。

　　Cassola & Morana(2004)认为欧元区货币政策传导中资产价格渠道发挥着主导作用。

　　相反,Mork,shleifer & vishny(1990)的研究则认为,在控制了影响投资的基本面因素之后,股票价格促进投资的能力非常有限。

　　理论研究认为股票市场是通过"财富效应"对消费支出进而对产出产生影响。实证研究中,大量的文献也都证明了股票市场"财富效应"的存在。

　　Ludvigson & Steindel(1999)对美国 1953—1997 年间的股票财富与社会总消费之间的关系的研究表明,二者之间存在显著的正相关关系,股票市场的扩展对消费增长有着切实的促进作用;但计量结果同时也显示,股票市场"财富效应"的稳定性相当差。

　　Dynan & Maki(2001)以 1983—1999 年的季度数据为样本研究了美国股票市场的价格对消费的影响,发现股价上升带来的直接财富增长会使消费迅速增长,而且这种财富增长对消费的拉动作用比较持久。

　　国内学者关于货币政策通过股票价格影响投资和消费的研究较多,但结论不尽一致。

　　李振明(2001)分析了 1999 年 5 月 19 日的井喷行情,发现即使股票市场的本轮井喷上涨也没能使居民的消费支出明显增加。

中国人民银行研究局课题组(2002)对深沪综合指数、股票市值、同期社会消费品零售总额及工业增加值进行分析得出,我国股市的"财富效应"和托宾的 q 效应不存在,因而货币政策传导的资产价格渠道不存在。

魏永芬、王志强(2002)以我国 1992 年 1 月—2001 年 9 月间消费、投资和股票价格指数的月度数据为样本,协整和格兰杰检验表明股票价格指数是消费的格兰杰原因,而股指对投资没有影响,且误差修正模型的估计表明我国股票市场不存在"财富效应",只有替代效应,从而股价上升对消费增长没有刺激作用。

胡援成、程建伟(2003)以我国 1996—2001 年 M0、M1、名义利率、实际利率和两市流通总市值的季度数据为样本,协整和格兰杰因果检验也表明我国股市的"财富效应"和 q 效应不明显,认为我国货币政策传导的资产价格渠道不存在。

相反,余元全(2004)通过建立一般均衡下的扩展 IS—LM 模型的实证分析表明,我国股市对消费的"财富效应"或流动性效应尽管微弱,但非常显著;而股市对投资的托宾 q 效应不存在。

另有一些学者对股票市场与 GDP 等总量指标之间关系的研究也得出了我国货币政策传导的资产价格渠道存在的结论。

石建民(2001)的研究结果表明中国股票市值与实际经济总量正相关,但相关系数很小。

刚猛、陈金贤(2003)采用误差修正模型检验了 1995—2001 年间实际股票收益、通货膨胀和实际经济活动三者之间的关系,研究发现短期中实际股票收益与通货膨胀、实际经济的关系不显著,但长期中实际股票收益与实际经济活动呈正相关关系。

陈平、张宗成(2008)以我国 1998—2007 年的月度数据为样本,协整检验和 VECM 估计表明股票市值对工业增加值有着显著影响,脉冲响应分析和预测误差方差分解表明股市对经济增长的贡献在稳步提高。

4)汇率传导渠道的实证研究

Kim Soyoung(2000)基于对大量数据的分析,研究了美国货币政策波动通过汇率的国际传导机制,验证了开放经济下汇率对货币政策传导的重要性。

Kim(2001)基于完全灵活汇率的VAR模型的研究表明,美国的扩张性货币政策通过降低世界利率水平而带来G-6国家的经济增长,货币政策通过汇率进而贸易而对产出产生影响的渠道失效。

Nagyasu(2007)以1970年1季度—2003年1季度的季度数据为样本,采用协整、VAR模型对日本货币政策汇率传导渠道的实证检验表明,尽管货币政策影响汇率,但货币政策通过汇率影响产出的渠道失效。Disyatat & Vongsinsirikul(2003)的研究也表明,泰国货币政策传导的汇率渠道不存在。

Haug,Karagedikli & Ranchhod(2005)在澳大利亚和新西兰采取货币联盟的背景下,采用协整和VECM技术检验了货币政策传导渠道的存在性,实证结果表明货币政策传导的汇率渠道存在,尽管货币政策对两国的影响并不对称。

Devereux(2004)在开放经济环境下,运用DSGE模型的研究表明,汇率对货币政策传导有着切实的影响。而且,Chung et al.(2007),Divino(2009)等运用小国开放经济的DSGE模型的研究也证实了这一结论。

由于国外的研究认为货币政策通过汇率渠道对实际经济产生影响需要三个前提:外币可以自由流入、本币可以自由兑换、实行浮动汇率制,缺少这三个条件,汇率传导渠道就难以产生作用了。而我国在2005年以前的汇率制度本质上固定汇率制,所以我国学者较少关注我国货币政策传导的汇率渠道是否存在。

5) 信贷传导渠道的实证研究

国外学者对货币政策通过信贷渠道影响宏观经济的实证结果不尽一致。但大多数研究都表明，信贷渠道在许多国家都是货币政策传导的主渠道。

Oliner & Rudebusch(1996)将"不完全信息"纳入广义信贷渠道，从借款人(企业和居民)角度研究货币政策信贷传导渠道的机制。研究表明，在扩张性货币政策时期，信贷传导渠道存在，而在前紧后松或前松后紧情况下信贷对货币政策几乎没有传导作用。

Kazuo Ogawa(2000)利用季节调整后的时间序列分析了日本的货币政策传导机制，认为信贷在货币政策传导中的作用最为重要。

Disyatat & Vongsinsirikul(2003)基于 VAR 模型对泰国货币政策传导渠道的实证检验表明，相对于传统的利率传导渠道，泰国的货币政策主要是通过信贷进而投资而传导的。

Iacoviello & Minetti(2008)以房地产为对象，检验了货币政策信贷传导渠道的存在性。基于 VAR 模型对芬兰、德国、挪威以及英国等欧洲 4 国的实证检验表明，货币政策传导的信贷渠道存在。

此外，Barth & Ramey(2000)，Ravenna & Walsh(2006)，Hulsewig et al.(2009)等运用新凯恩斯主义动态随机一般均衡模型的研究也表明货币政策传导的信贷渠道存在。但 Rabanal(2007)采用类似模型的研究却得出了美国货币政策传导的信贷渠道不存在的相反结论。

同样，中国的数据也为货币政策传导信贷渠道的存在性提供了证据。

周英章、蒋振声(2002)采用协整和基于VAR模型的格兰杰因果检验对我国1993—2001年间的货币政策传导机制的实证研究表明,信贷和货币供应量渠道均存在,而预测方差分解表明,相对来讲信贷对我国货币政策的传导作用较大。

王振山、王志强(2000)运用1981—1998年的年度数据和1993—1998年的季度数据的研究表明,信贷和GDP之间存在长期稳定的协整关系,格兰杰因果检验也表明存在由信贷到GDP的单向格兰杰因果关系,而货币供应量与GDP之间既不存在协整关系也不存在因果关系,因此,认为我国货币政策传导的信贷渠道存在,而货币供应量传导渠道不存在。

莫高琪、冉茂盛、钟韬(2005)以1994—2002年间货币供应量M2、贷款、GDP的季度数据为样本,协整和基于VAR模型的格兰杰因果检验表明M2和贷款均是GDP的格兰杰原因,从而说明我国货币政策传导的货币供应量渠道和信贷渠道存在。且回归估计表明GDP对贷款的弹性要大于对M2的,因而认为货币政策传导的信贷渠道占主要地位。

蒋瑛琨、刘艳武、赵振全(2005)基于VAR模型的脉冲响应分析表明,上世纪90年代以后,贷款相对货币供应量M2、M1对我国产出、通货膨胀有着更为持久而显著的影响,从而认为贷款在我国货币政策传导中占主导地位。

苏亮瑜(2007)运用结构VAR模型和脉冲响应技术实证检验了我国的货币政策传导机制,发现GDP对贷款冲击的响应较为迅速和显著,从而认为我国的货币政策主要通过信贷渠道传导。

吴培新(2008)运用1998年1月—2006年6月的月度和季度数据,采用VAR模型和格兰杰因果关系检验对我国的货币供应量M1、M2以及信贷规模进行了实证分析。研究表明,同时引入货币供应量和信贷规模时,大大提高了对实际经济的解释能力;货币供应量的变化取决于信贷规模,因而货币政策传导的信贷渠道比货币供应量渠道重要。

另有一些研究的结论相反。Warner & Georges(2000)分析了美国 1993—1994 年的经济膨胀期和 1990—1991 年衰退期所发生的十次货币政策冲击,认为美国货币政策传导的信贷渠道不存在。

Toyofuku(2008)认为在软预算约束及银行面临资本金要求的环境下,尽管扩张性货币政策使贷款数量增加,但贷款的增加并没有带来实际经济的增长,从而货币政策传导的信贷渠道失效。

1.2.3 对现有文献的评述

由上述文献研究可以发现,国内外学者不仅深入研究了货币政策传导的相关理论,并且在实证研究上用不同国家的数据检验了相关的理论和相关货币政策传导渠道的存在性。通过对上述文献的梳理,特别是对国内学者研究成果的梳理,发现现有文献对我国货币政策传导的研究存在着以下几点不足:

1)对我国货币政策传导的具体过程分析不够。现有文献研究多注重货币政策工具——货币供应量、利率、贷款以及以股票价格为代表的资产价格与我国实际产出之间的相关关系,其研究成果仅能表明货币政策工具对实际经济有着真实效应,但无法表明这种真实效应是如何实现的,也就是说无法给出产出构成的三大因素——消费、投资、净出口在货币政策效应中的作用如何。即使部分文献研究了资产价格对消费、投资的影响,但缺乏货币供应量、利率、贷款对消费、投资进而产出产生影响的相关研究。

2)现有文献对我国货币政策传导的研究大多采用了协整、格兰杰因果检验和 VAR 模型等计量方法,但这些计量方法不仅本身存在着缺陷,从而使研究结果难以令人信服,且无法实现"货币政策具体传导过程如何"这一研究目标。

协整和格兰杰因果检验虽然能够证明货币政策传导渠道的存在性,但格兰杰因果检验由于滞后期的选择太过随意而备受批评。拓展的 IS-LM 模型虽然在一定程度上能够实现"货币政策具体传导过程如何"这一研究目标,但卢卡斯批判从根本上动摇了联立方程系统的根基,因而基于本质上属于联立方程系统的拓展 IS-LM 模型的研究结论也不是那么可信。尽管 VAR 模型优点明显——可以直接用于数据、易于估计、不需要对模型做出完整的设定,从而在实证研究中得到了较多的应用,但 VAR 模型由于不体现宏观经济理论而收到批判。

3)结构化的动态随机一般均衡模型(DSGE)虽然已在宏观经济研究中应用较多,但运用 DSGE 模型的研究多关注宏观经济波动和宏观经济政策分析等,如 Gali(1999),Chari et al.(2000),Wang & Yi(2004),Gertler et al.(2003),Christensen & Dib(2008)等运用 DSGE 模型分析了经济波动的来源;Kollman(2001),Beetsma & Jensen(2005),Ratto et al.(2009)等分析了货币政策、财政政策的有效性问题;CGG(1999),Gali & Monacelli(2000),McCallum & Nelson(1999),Chugh(2006),Arseneau & Chugh(2008),Faia & Monacellib(2007),Ganelli(2003),Siu(2004),Schmitt-Grohe & Uribe(2004),Horvath(2009)等则分析了最优货币政策、最优财政政策问题。而文献中运用 DSGE 模型分析货币政策传导的研究还较少,已有研究还多是运用校准的方法分析了货币政策信贷传导渠道的存在性,如 Barth & Ramey(2000),Ravenna & Walsh(2006)等。近年来,我国学者也开始运用 DSGE 模型进行研究,

但这些研究同样重点关注宏观经济波动问题,如黄赜琳(2005,2006)、陈昆亭、龚六堂(2004,2006)、李春吉、孟晓宏(2006)、许伟、陈斌开(2009),此外,刘斌(2009)分析了中国的物价水平决定机制,并考察了货币政策和财政政策在物价水平决定中所起的作用及其相互协调问题,杨治国、宋小宁(2009)分析了均衡汇率的内在决定机制,刘尧成、徐晓萍(2010)则分析了技术和货币政策冲击在不同消费替代弹性下对中国外部经济失衡的影响,而运用DSGE模型分析我国货币政策传导的研究还没有。

本文将针对现有文献中存在的这些不足,采用动态随机一般均衡模型(DSGE)对我国货币政策传导进行检验,并分析我国货币政策传导的具体途径,定量分析消费和投资对我国货币政策的传导作用,以此弥补现有研究的缺憾。

1.3 本书的研究目标、研究方法、研究内容

1.3.1 研究目标

本书在梳理货币政策传导的理论和国内外相关研究文献的基础上,通过构建货币政策分析的动态随机一般均衡模型(DSGE),从实证的角度,全面分析我国货币政策通过货币供应量渠道、利率渠道以及信贷渠道传导的具体途径,考察消费和投资对货币政策的传导作用,探讨我国货币政策传导的数量规律性,并进一步探讨疏通我国货币政策传导渠道的措施。

1.3.2 研究方法

1)构建包含货币政策的动态随机一般均衡模型(DSGE)的数理分析框架,在估计的 DSGE 模型结构参数的基础上,结合脉冲响应图分析货币政策工具——货币供应量、利率、信贷冲击对产出、消费、投资、通货膨胀等宏观经济变量的影响,进而归纳出我国货币政策传导的具体途径。由于 DSGE 模型具有较强的包容性,可以在模型中引入多个冲击使模型更加符合现实,而且实证中可以分离各个冲击对宏观经济变量的单独影响,由此可以实现本论文的研究目标。

2)3 章实证研究中所构建的动态随机一般均衡模型(DSGE)沿袭拓展的思路,逐步使其更加符合我国的经济情况,在此背景下检验我国货币政策传导的具体途径。

3)根据实证研究所归纳出的我国货币政策传导的途径,简要分析改善我国货币政策传导的相应对策。

1.3.3 研究内容

本书共由 6 章组成,其主要内容如下:

第 1 章为绪论,主要介绍了本论文的选题背景、研究意义、文献综述,以及本文的研究目标、研究方法、研究内容和主要创新点。第 2 章是对本文实证研究中采用的动态随机一般均衡模型(DSGE)所做的方法论的准备,主要介绍了应用动态随机一般均衡模型(DSGE)数量分析方法,包括非线性 DSGE 模型的对数线性化方法、线性 DSGE 模型的求解方法,以及 DSGE 模型结构参数的估计方法等。第 3 章在我国当前货币政策实施以货币供应量作为中介目标的背景下,以新凯恩斯主义理论为基础,通过构建包含名义价格粘性、名义工资粘性以及货币政策采取简单供应量规则的动态随机一般均衡模型(DSGE),实证考察了 DSGE 模型对我国经济现实的刻画能力以及货币供应量冲击在我国经济中的传导途径。第 4 章拓展了第 3 章所构建的 DSGE 模型,在模型中引入了外生消费习惯,并在修订的泰勒规则下考察了利率作为我国货币政策中介目标的可行性以及利率冲击的传导途径。第 5 章进一步拓展了第 3 章的 DSGE 模型,不仅在模型中引入外生消费习惯,还将盈利性金融中介机构纳入了模型的分析框架,实证检验了货币供应量、贷款冲击在我国经济中的具体传导途径。第 6 章是本书的结论部分,并提出了改进我国货币政策传导的对策及进一步的研究展望。

1.4　主要创新点

本书试图在以下方面有所创新:

1) 现有文献多检验货币政策传导渠道的存在性,而不关注我国货币政策传导的具体途径。本书为弥补这一研究缺憾,在理论模型方面,结合我国的实际经济情况,构建包含货币政策的动态随机一般均衡模型(DSGE),据此分析我国货币政策传导的具体途径。

2) 基于所构建的动态随机一般均衡模型(DSGE),在实证中根据外生随机扰动的光滑估计以及基于反事实仿真的观测变量的拟合值与其实际观测值的比较,检验了 DSGE 模型对我国经济的拟合能力,据此评判运用 DSGE 模型分析我国货币政策传导的适用性问题。

  3)本书的研究结论具有丰富的政策含义。实证分析表明,消费在我国的货币政策传导中发挥的作用较小,投资主导了政策冲击的传导。显然,传统的基于协整、VAR模型等的研究无法刻画这一货币政策传导途径。该结论隐含的政策意义是,改善我国货币政策传导需要从扩大消费需求着手。

第 2 章 动态随机一般均衡模型的求解、估计

作为本书方法论的准备,本章将详细讨论应用动态随机一般均衡模型(DSGE)的数量分析方法,包括将非线性动态随机一般均衡模型(DSGE)转化为可直接用于实证研究的线性DSGE模型的对数线性化方法、线性DSGE模型的BK求解方法,以及DSGE模型结构参数的估计方法——极大似然和贝叶斯估计方法。这些数量分析方法将在本书随后三章关于中国货币政策传导机制的实证研究中得到广泛的应用。

本章的结构安排如下:第2.1节将简单介绍本书所使用的动态随机一般均衡模型(DSGE)及其分析框架。第2.2节为求解DSGE模型的准备,即讨论将非线性的动态随机一般均衡模型转化为线性DSGE模型的对数线性化方法。第2.3节则介绍上文所得到的线性DSGE模型的数值求解方法。本章的第2.4节则将讨论估计DSGE模型结构参数的极大似然方法以及贝叶斯估计方法,本书实证研究部分的第3章至第5章中的参数估计分别采用了这些方法。最后一节为本章内容的总结。

2.1 动态随机一般均衡模型简介

动态随机一般均衡模型(DSGE)以微观和宏观经济理论为基础,采用优化的方法考察各行为主体(家庭、厂商等)的决策,即在家庭最大化其一生的效用、厂商最大化其利润的假设下得到各个行为主体的行为方程,当然各行为主体的优化决策是在其所受的不同约束下进行的。一般性的 DSGE 模型中通常还包括政府部门(货币政策当局——中央银行,和(或)财政部门)的行为决策,但基于真实经济周期 RBC 理论的 DSGE 模型中并不包括货币政策机构的行为方程。具体地,DSGE 模型中各行为主体在决策时必须考虑其行为的当期影响,以及未来的后续影响。因此,各行为主体在对未来预期(建模时通常采用理性预期代表)的前提下,动态的考虑其行为决策的后果。其次,现实经济中存在诸多的不确定性,因此 DSGE 模型中引入了多种外生随机冲击,这些外生随机冲击与各行为主体的决策共同决定了 DSGE 模型的动态过程。此外,DSGE 模型还考虑经济中各行为主体之间的相互作用和相互影响,从而在一般均衡的框架下考察行为主体的决策。

正是由于 DSGE 模型具有动态性、随机性即可以包含多个随机冲击,以及一般均衡思想等三个鲜明的特征,DSGE 模型在宏观经济分析中具有较大的优势,从而成为主流分析工具,应用较为广泛。但 DSGE 模型同样具有一些缺点,比如,作为一个系统,DSGE 模型的分析框架往往较大,且多是非线性的,在实证分析中较为复杂,不像 VAR 等计量模型那样可以直接应用于数据,为使该模型可以应用于数据,需将其转换为线性的系统,而这往往需要较大的工作量;此外,估计 DSGE 模型结构参数需要采用极大似然和(或)贝叶斯等较为复杂的方法,且需要编程才能实现参数估计,所需要的技术手段具有一定的难度。

一般地,动态随机一般均衡模型(DSGE)的分析框架大致包括模型的设定、求解及模型结构参数的估计三个部分。

首先是 DSGE 模型的设定。通常,DSGE 模型包括三大组成部分:一是模型所包含的各行为主体(主要是家庭和企业)的决策环境。DSGE 模型设定的理论依据不同,则行为主体所面临的决策环境也是不同的。DSGE 模型设定的理论基础主要有真实经济周期(RBC)理论和新凯恩斯主义理论。基于 RBC 理论的 DSGE 模型中各行为主体是在理性预期、工资和价格具有完全弹性且总是处于出清状态的完全竞争市场中做出自己的行为决策,而基于新凯恩斯理论的 DSGE 模型中各行为主体的行为决策则是在理性预期、价格和(或)工资具有刚性(粘性)从而垄断竞争的市场并不总是处于出清状态的环境下做出的。由于新凯恩斯主义的理论更接近经济现实,因此,基于该理论的 DSGE 模型可以更好的刻画经济现实,从而可以帮助研究者深入地了解和研究现实经济问题。有鉴于此,本文第 3 章至第 5 章实证研究中所采用的 DSGE 模型均是基于该理论来设定的。二是行为主体的行为决策规则。三是行为主体所面临的不确定性,即经济中所存在的各种不同的外生随机冲击。对于 DSGE 模型的设定,这是应用 DSGE 模型进行研究的第一步,也是整个研究中最为关键的一步,因为模型对现实经济描述的成功与否,以及应用模型的研究的可信程度都取决于研究者对 DSGE 模型的设定。

其次,DSGE 模型的求解。这意味着要刻画出 DSGE 模型中各变量变化的动态过程,即要得到以解析形式呈现的差分系统作为模型的解。但是,大多数 DSGE 模型的解析解是难以求出的,甚至是不存在的,这时就需要采用数值的方法给出 DSGE 模型的数值解。通常,可以运用对数线性化的方法将采用非线性预期差分方程形式、由经济中各行为主体优化行为得到的行为方程以及外生随机冲击所构成的 DSGE 模型转化为包含预期符号的线性系统,进而运用线性代数的方法求解模型。由于对数线性化方法使用简便,并且便于之后的 DSGE 模型结构参数的估计,因此本论文采用该方法转化非线性 DSGE 模型[①]。本章随后的第 2.2 节和第 2.3 节将分别详细介绍非线性 DSGE 模型的对数线性化方法和线性 DSGE 模型的求解方法。

最后,DSGE 模型结构参数的估计。本论文第 3 章至第 5 章实证研究中的一个重点是检验 DSGE 模型应用于我国货币政策传导机制研究的能力,即检验 DSGE 模型对现实经济情况的拟合能力,而这很大程度上取决于 DSGE 模型中各个结构参数的估计值。因此,对 DSGE 模型中的结构参数进行估计也是本论文实证研究的一个重要组成部分,以及对我国货币政策传导机制进行数量分析的一个重要前提。实证研究中,对线性 DSGE 模型结构参数进行估计的方法主要有三种。其一是校准法(calibration),该方法的主导思想是通过使模型的理论矩尽可能与观测数据一致而得到 DSGE 模型参数的校准值,即根据经验研究来确定模型的参数,进而对实际经济进行经验型模拟研究[②]。由于校准法的矩估计具有较强的稳健性,且研究者可以更多的关注于 DSGE 模型的数据特征,因此,校准法一直是 DSGE 模型结构参数取值的流行方法之一,DSGE 模型的先驱 Kydland & Prescott(1982)就采

---

① 徐高(2008):求解 DSGE 模型数值解的另一种方法是利用不动点定理,采用数值迭代的方法求出行为主体优化问题的值函数,进而对均衡加以刻画。

② 见 CEE(2003)。

用了该方法。但由于校准法缺乏坚实的理论基础,并且个别参数的校准取值未必准确,因而受到了相当的批评。相对而言,极大似然估计(maximum likelihood estimation)和贝叶斯估计(bayesian estimation)方法可以提供观测数据的完全信息,从而在DSGE模型估计中得到了更为广泛的应用。本章的第2.5节将详细介绍DSGE模型参数估计的极大似然方法和贝叶斯方法。

基于上述DSGE模型及其框架的介绍,本书实证研究所采用的DSGE模型的分析思路是首先对数线性化行为方程即各均衡条件,其次对线性DSGE模型进行求解,第三步则是运用极大似然或者贝叶斯方法估计模型的结构参数,最后,在估计的模型结构参数的基础上,运用脉冲响应图对本论文的研究主题——货币政策传导进行数量分析。

2.2 非线性DSGE模型的线性化

动态随机一般均衡模型(DSGE)的设定以及各个行为主体的行为方程即均衡条件的推导将在本论文实证研究的第3章至第5章具体给出,本节主要介绍两种将非线性均衡条件转化为线性方程的对数线性化方法。

一般地,非线性方程可以通过泰勒展开而转化为线性的(通常使用一阶泰勒展开)。假设我们有如下形式的非线性方程:

$$\phi(X_t, Y_t) = f(Z_t) \tag{2.1}$$

则采用一阶泰勒展开将其在稳态(X,Y)处进行展开即可得到该方程的线性形式。其中,S表示变量S_t在稳态时的取值。

方法一：

(2.1)式的一阶泰勒展开为：

$$\psi(X,Y)+\frac{\partial \psi}{\partial X_t}(X)\cdot(X_t-X)+\frac{\partial \psi}{\partial Y_t}(Y)\cdot$$

$$(Y_t-Y)=f(Z)+f_z(Z)\cdot(Z_t-Z)$$

(2.2)

稳态时，由(2.1)可知，$\psi(X,Y)=f(Z)$，则将(2.2)可改写为下式：

$$\frac{\partial \psi}{\partial X_t}(X)\cdot X\cdot\frac{X_t-X}{X}+\frac{\partial \psi}{\partial Y_t}(Y)\cdot Y\cdot$$

$$\frac{Y_t-Y}{Y}=f_z(Z)\cdot Z\cdot\frac{Z_t-Z}{Z}$$

(2.3)

则利用变量 S_t 对其稳态值 S 的对数偏离 $\hat{s}_t=\log\left(\frac{S_t}{S}\right)\simeq\frac{S_t-S}{S}$，可由(2.3)式得到(2.1)式的对数线性化形式：

$$\frac{\partial \psi}{\partial X_t}(X)\cdot X\cdot\hat{x}_t+\frac{\partial \psi}{\partial Y_t}(Y)\cdot Y\cdot\hat{y}_t=f_z\cdot Z\cdot\hat{z}_t$$

(2.4)

方法二：利用恒等式 $S_t\equiv e^{\log(S_t)}$ 改写(2.1)式，并在等式两边同时取对数可得：

$$\log(\psi(e^{\log(X_t)},e^{\log(Y_t)}))=\log(f(e^{\log(Z_t)}))$$

(2.5)

将上式在其稳态值($\log(X)$,$\log(Y)$,$\log(Z)$)处进行一阶泰勒展开可得：

第 2 章 动态随机一般均衡模型的求解、估计

$$\log(\psi(X,Y)) + \frac{\phi_1 \cdot X}{\psi(X,Y)} \cdot (\log(X_t) - \log(X))$$

$$+ \frac{\phi_2 \cdot Y}{\psi(X,Y)} \cdot (\log(Y_t) - \log(Y))$$

$$= \log(f(Z)) + \frac{f_z(Z)}{f(Z)} \cdot Z \cdot (\log(Z_t) - \log(Z))$$

(2.6)

利用稳态时 $\psi(X,Y) = f(Z)$,则由(2.6)式可得(2.1)式的对数线性化形式：

$$\phi_1 \cdot X \cdot \hat{x}_t + \phi_2 \cdot Y \cdot \hat{y}_t = f_z \cdot Z \cdot \hat{z}_t$$

(2.7)

其中,$\hat{x}_t = \log(X_t) - \log(X)$,$\hat{y}_t = \log(Y_t) - \log(Y)$,$\hat{z}_t = \log(Z_t) - \log(Z)$。

由于方法一较为简单且易于操作,因此,本文采用方法一将非线性的 DSGE 模型近似化为线性的。

2.3 线性 DSGE 模型的数值求解（BK 方法）

第 2.2 节的对数线性化技术将非线性的动态随机一般均衡模型转化为了线性的系统,本节的任务在于基于该线性系统完成 DSGE 模型的求解。线性 DSGE 模型的求解方法有多种,如 Blanchard & Kahn(1980)的 BK 方法、Sims(20001)的 QZ 分解方法,以及 Uhlig(1999)的待定系数法,由于 Blanchard & Kahn(1980)的 BK 方法使用较为普遍,且本论文实证研究的第 3 章至第 5 章均采用了该方法,因此,本节仅介绍该方法。

通常，对数线性化后的线性 DSGE 模型可写为：

$$AE_t x_{t+1} = B x_t + C \varepsilon_t$$

(2.8)

其中，E_t 为期望运算符号，表示当处于 t 期的信息集时，对未来变量所做的条件期望；$n \times 1$ 阶向量 x_t 为线性 DSGE 模型的所有变量的集合（包括内生变量和外生变量），以各变量对其稳态值的对数偏离来表示；$k \times 1$ 阶向量 ε_t 为模型中外生随机冲击的集合（其中，k 为 DSGE 模型所包含的外生冲击的个数）；系数矩阵 A、B、C 均为模型结构参数的函数。

如果系数矩阵 A 是可逆的，则按照 BK 方法可直接对(2.8)式进行改写，即用逆矩阵 A^{-1} 左乘(2.8)并进行分块，改写后的方程如下：

$$\begin{bmatrix} x_{1t+1} \\ E_t(x_{2t+1}) \end{bmatrix} = \widetilde{A} \begin{bmatrix} x_{1t} \\ x_{2t} \end{bmatrix} + D \varepsilon_t$$

(2.9)

其中，$\widetilde{A} = A^{-1} B$，$D = A^{-1} C$，$n_1 \times 1$ 阶向量 x_{1t} 由线性 DSGE 模型中的内生前定变量构成，即 x_{1t} 中的变量不包含预测误差，$E_t(x_{1t+1}) = x_{1t+1}$；$n_2 \times 1$ 阶向量 x_{2t} 由模型中的内生非前定变量构成，即 x_{2t} 包含预测误差，$x_{2t+1} = E_t(x_{2t+1}) + \nu_{t+1}$，向量 ν_{t+1} 为预测误差。

当系数矩阵 A 不可逆时，则不能直接进行上述转换，King & Watson(2002)提供了一种解决办法，即将模型缩减为由其确定性的变量子集表示的形式。具体地，先将线性 DSGE 模型中的变量分为三类：外生冲击变量，用向量 η_t 来表示；动态变量，用向量 ζ_t 来表示；静态变量（由其他同期内生变量和或前定变量、外生冲击变量所决定的内生变量），用向量 ξ_t 来表示。然后将线性 DSGE 模型表述为如下两个矩阵方程：

第 2 章 动态随机一般均衡模型的求解、估计

$$\phi_1 \xi_t = \phi_2 \zeta_t + \phi_3 \eta_t$$

(2.10)

$$\phi_4 E_t(\zeta_{t+1}) = \phi_5 \zeta_t + \phi_6 \xi_t + \phi_7 \eta_t$$

(2.11)

其中,$\phi_1 \sim \phi_7$ 均为系数矩阵,且在上述重新表述的两个矩阵方程中,系数矩阵 ϕ_1 和 ϕ_4 可以确保是可逆的,则将(2.10)式左乘 ϕ_1^{-1} 并代入(2.11)式得:

$$\phi_4 E_t(\zeta_{t+1}) = (\phi_5 + \phi_6 \phi_1^{-1} \phi_2) \zeta_t + (\phi_7 + \phi_6 \phi_1^{-1} \phi_3) \eta_t$$

(2.12)

将(2.12)式左乘系数矩阵 ϕ_4 的逆矩阵 ϕ_4^{-1} 并进行分块即可得到形如(2.9)式的、能够运用 BK 方法进行求解的 DSGE 模型。

基于形如(2.9)式的 DSGE 模型,根据 BK 方法,要对系数矩阵 $\widetilde{A}$ 进行 Jordan 分解,$\widetilde{A} = Q^{-1} \Lambda Q$,则可得:

$$\begin{bmatrix} x_{1t+1} \\ E_t(x_{2t+1}) \end{bmatrix} = Q^{-1} \Lambda Q \begin{bmatrix} x_{1t} \\ x_{2t} \end{bmatrix} + \begin{bmatrix} D_1 \\ D_2 \end{bmatrix} \varepsilon_t$$

(2.13)

其中,由 $\widetilde{A}$ 的特征根所构成的矩阵 Λ 的对角线元素从左到右按照绝对值递增的顺序排列。将矩阵 Λ 进行分块可得:

$$\Lambda = \begin{bmatrix} \Lambda_1 & 0 \\ 0 & \Lambda_2 \end{bmatrix}$$

(2.14)

其中,分块矩阵 Λ_1 中的特征根在单位圆内,即 $|\Lambda_1| \leqslant 1$,而 Λ_2 中的特征根在单位圆外,即 $|\Lambda_2| > 1$,这意味着 Λ_2 是不稳定的或者说是爆炸性的,因为 Λ_2^n 随着 n 的增加而发散。同样,将矩阵 Q 也进行分块:

$$Q = \begin{bmatrix} Q_{11} & Q_{12} \\ Q_{21} & Q_{22} \end{bmatrix}$$

(2.15)

则用 Q 左乘(2.13)式得:

$$\begin{bmatrix} \dot{x}_{1t+1} \\ E_t(\dot{x}_{2t+1}) \end{bmatrix} = \begin{bmatrix} \Lambda_1 & 0 \\ 0 & \Lambda_2 \end{bmatrix} \begin{bmatrix} \dot{x}_{1t} \\ \dot{x}_{2t} \end{bmatrix} + \begin{bmatrix} E_1 \\ E_2 \end{bmatrix} \varepsilon_t$$

(2.16)

其中,

$$\begin{bmatrix} \dot{x}_{1t} \\ \dot{x}_{2t} \end{bmatrix} = \begin{bmatrix} Q_{11} & Q_{12} \\ Q_{21} & Q_{22} \end{bmatrix} \begin{bmatrix} x_{1t} \\ x_{2t} \end{bmatrix}$$

(2.17)

$$\begin{bmatrix} E_1 \\ E_2 \end{bmatrix} = \begin{bmatrix} Q_{11} & Q_{12} \\ Q_{21} & Q_{22} \end{bmatrix} \begin{bmatrix} D_1 \\ D_2 \end{bmatrix}$$

(2.18)

上述分解使得模型中的非前定内生变量完全取决于包含在 Λ_2 中的系数矩阵 $\widetilde{A}$ 的不稳定特征根。(2.16)式可写作如下等价形式:

$$\begin{cases} \dot{x}_{1t+1} = \Lambda_1 \dot{x}_{1t} + E_1 \varepsilon_t \\ E_t(\dot{x}_{1t+1}) = \Lambda_2 \dot{x}_{2t} + E_2 \varepsilon_t \end{cases}$$

(2.19)

由(2.17)式中的第二个方程可得:

$$\dot{x}_{2t} = \Lambda_2^{-1} E_t(\dot{x}_{1t+1}) - \Lambda_2^{-1} E_2 \varepsilon_t$$

(2.20)

对(2.20)式进行向前迭代可得:

第 2 章 动态随机一般均衡模型的求解、估计

$$\dot{x}_{2t+1} = \Lambda_2^{-1} E_{t+1}(\dot{x}_{1t+2}) - \Lambda_2^{-1} E_2 \varepsilon_{t+1}$$

(2.21)

将(2.21)式代入(2.20)式得：

$$\begin{aligned}\dot{x}_{2t} &= \Lambda_2^{-2} E_t(\dot{x}_{1t+2}) - \Lambda_2^{-2} E_2 E_t(\varepsilon_{t+1}) + \Lambda_2^{-1} E_2 \varepsilon_t \\ &= \Lambda_2^{-n} E_t(\dot{x}_{1t+n}) - \sum_{j=0}^{\infty} \Lambda_2^{-(j+1)} E_2 E_t(\varepsilon_{t+j}) \\ &= -\sum_{j=0}^{\infty} \Lambda_2^{-(j+1)} E_2 E_t(\varepsilon_{t+j})\end{aligned}$$

(2.22)

由于 Λ_2 中的元素位于单位圆外，因此，当 n 趋近于无穷大时，Λ_2^{-n} 为 0，则得到(2.22)中的第三个方程，将其带入(2.17)式的下半部分可得线性 DSGE 模型中非前定内生变量 x_{2t} 的解：

$$x_{2t} = -Q_{22}^{-1} Q_{21} x_{1t} - Q_{22}^{-1} \sum_{j=0}^{\infty} \Lambda_2^{-(j+1)} E_2 E_t(\varepsilon_{t+j})$$

(2.23)

将系数矩阵 $\widetilde{A}$ 分块，$\widetilde{A} = \begin{bmatrix} \widetilde{A}_{11} & \widetilde{A}_{12} \\ \widetilde{A}_{21} & \widetilde{A}_{22} \end{bmatrix}$，然后将(2.13)式的上半部分展开得：

$$x_{1t+1} = \widetilde{A}_{11} x_{1t} + \widetilde{A}_{12} x_{2t} + D_1 \varepsilon_t$$

(2.24)

将(2.23)式代入(2.24)式就可得到 x_{1t} 的解：

$$x_{1t+1} = (\widetilde{A}_{11} - \widetilde{A}_{12} Q_{22}^{-1} Q_{21}) x_{1t} - \widetilde{A}_{12} Q_{22}^{-1} \sum_{j=0}^{\infty} \Lambda_2^{-(j+1)} E_2 E_t(\varepsilon_{t+j}) + D_1 \varepsilon_t$$

(2.25)

方程(2.23)和(2.25)即为线性 DSGE 模型的解。为了简便，

可将其写为一般性的形式：

$$x_{t+1} = \Gamma x_t + G\varepsilon_{t+1}$$

(2.26)

其中,系数矩阵 Γ 和 G 为模型结构参数的函数。对于 DSGE 模型解的存在性以及唯一性,Blanchard & Kahn(1980)也进行了讨论:当矩阵 $\widetilde{A}$ 不稳定(即爆炸性)特征根的个数等于 DSGE 模型中非前定内生变量的个数时,线性 DSGE 模型是鞍点(saddle-path)稳定的,模型的解存在且是唯一的;当不稳定特征根的个数大于模型中非前定变量的个数时,模型无解;相反,当不稳定特征根的个数小于模型中非前定变量的个数时,模型具有无穷多个解。

2.4　DSGE 模型的估计方法

在本章第 2.3 节,利用 BK 方法求出了线性 DSGE 模型的数值解,该数值解采取线性差分方程的形式。本节的内容将讨论估计 DSGE 模型结构参数的两种方法——极大似然估计和贝叶斯估计方法。

2.4.1　极大似然方法的参数估计

极大似然估计方法的操作分 4 步:第一步,将线性理性预期的 DSGE 模型用其前定变量表示为缩写形式的状态方程;第二步,将模型改写为状态空间的形式,即在第一步得到的状态方程后加入观测方程,该观测方程将前定状态变量与观测变量联系起来;第三步,结合预先给定的模型外生随机冲击的分布形态假设

第 2 章 动态随机一般均衡模型的求解、估计

(通常假定服从 0 均值、协方差平稳的白噪音正态分布),可以运用 Kallmann 滤波得到关于模型结构参数的似然函数;最后,最大化该似然函数即可得到模型结构参数的估计值。

Kallmann 滤波的思想是:对于观测变量集 $X \equiv \{X_t\}_{t=1}^{T}$(其中,$T$ 为样本长度),给定过去的信息 $X^{t-1} \equiv \{X_i\}_{i=1}^{t-1}$,运用迭代的方法得到 t 期观测 X_t 的条件概率(即似然函数)的估算。根据 Dejong & Dave(2007),这里仅简单介绍基于 Kallmann 滤波的似然函数推导[①]。为此,首先根据第 2.3 节的推导,将线性 DSGE 模型的解表示为如下状态空间的形式:

$$x_t = F(\mu)x_{t-1} + e_t \tag{2.27}$$

$$X_t = H'(\mu)x_t \tag{2.28}$$

其中,状态方程(2.27)中的向量 x_t 为 DSGE 模型中的所有状态变量(包括观测和非观测变量),该方程刻画了系统的动态变化;观测方程(2.28)中的向量 X_t 为 DSGE 模型中的观测变量集,该方程将模型中的状态变量与观测变量联系了起来;$e_t = G\varepsilon_t$,$E(e_t e_t') = GE(\varepsilon_t \varepsilon_t')G' = Q$,向量 ε_t 为模型中的外生随机扰动项,服从均值为 0、协方差平稳的白噪音分布;系数矩阵 F、G、H 以及方差-协方差矩阵 Q 均为模型结构参数 μ 的函数。

Kallmann 滤波的迭代过程始于对初始值即无条件值的估算,如下:

$$x_{1|0} = 0 \tag{2.29}$$

---

① 详细推导见 Hamilton(1994)。

$$\sum\nolimits_{1|0} = E(x_1 - x_{1|0})(x_1 - x_{1|0})'$$
$$= F\sum\nolimits_{1|0} F' + Q$$

(2.30)

由此可得观测 $X_{1|0}$ 的估计：

$$X_{1|0} = H'x_{1|0} = 0$$

(2.31)

$$\Omega_{1|0} = E(X_1 - X_{1|0})(X_1 - X_{1|0})'$$
$$= H'\sum\nolimits_{1|0} H$$

(2.32)

其中，$\sum$、Ω 为方差-协方差矩阵。从而得观测 X_1 的分布为 $X_1 \sim N(X_{1|0}, \Omega_{1|0})$，其似然函数可写为：

$$L(X_1|\mu) = (2\pi)^{-m/2} |\Omega_{1|0}^{-1}|^{1/2} \cdot \exp\left\{-\frac{1}{2}(X_1'\Omega_{1|0}X_1)\right\}$$

(2.33)

其中，m 为模型中观测变量的个数。则由上述推导可知，给定 $t-1$ 期的信息集，对 t 期状态变量的估算为：

$$x_{t|t-1} = Fx_{t-1}$$

(2.34)

$$\sum\nolimits_{t|t-1} = E(x_t - x_{t|t-1})(x_t - x_{t|t-1})'$$
$$= F\sum\nolimits_{t|t-1} F' + Q$$

(2.35)

进而可得观测 $X_{t|t-1}$ 的估计：

$$X_{t|t-1} = H'x_{t|t-1}$$

第 2 章 动态随机一般均衡模型的求解、估计

$$\Omega_{t|t-1} = E(X_t - X_{t|t-1})(X_t - X_{t|t-1})' \quad (2.36)$$

$$= H' \sum\nolimits_{t|t-1} H \quad (2.37)$$

根据上述方程(2.36)和(2.37)可得更新了 t 期观察变量的信息之后,对 t 期状态变量的重新估计:

$$x_{t|t} = x_{t|t-1} + \sum\nolimits_{t|t-1} H \Omega_{t|t-1}^{-1}(X_t - X_{t|t-1}) \quad (2.38)$$

$$\sum\nolimits_{t|t} = \sum\nolimits_{t|t-1} - \sum\nolimits_{t|t-1} H \Omega_{t|t-1}^{-1} H' \sum\nolimits_{t|t-1} \quad (2.39)$$

同时,根据方程(2.36)和(2.37)可以写出观测 $X_t \sim N(X_{t|t-1}, \Omega_{t|t-1})$ 的似然函数:

$$L(X_t|\mu) = (2\pi)^{-m/2} |\Omega_{t|t-1}^{-1}|^{1/2} \cdot$$
$$\exp\left\{-\frac{1}{2}(X_t - X_{t|t-1})'\Omega_{t|t-1}^{-1}(X_t - X_{t|t-1})\right\} \quad (2.40)$$

由于 Kallmann 滤波迭代得到的条件概率序列 $\{L(X_t|X^{t-1})\}_{t=1}^{T}$ 是独立的,因此,观测变量集 X 的似然函数是单个观测 X_t 的条件概率的函数:

$$L(X|\mu) = \prod_{t=1}^{T} L(X_t|X^{t-1}) \quad (2.41)$$

则对数似然函数如下:

$$\ln L(X|\theta) = \sum_{t=1}^{T} \ln L(X_t|\mu)$$

$$=-\frac{mT}{2}\ln 2\pi - \frac{1}{2}\sum_{t=1}^{T}\ln|\Omega_{t|t-1}|-$$
$$\frac{1}{2}\sum_{t=1}^{T}(X_t - X_{t|t-1})'\Omega_{t|t-1}^{-1}(X_t - X_{t|t-1})$$

(2.42)

将上式的对数似然函数关于模型结构参数最大化即可得到模型结构参数的估计值,从而完成 DSGE 模型结构参数的极大似然估计。运用极大似然方法估计模型结构参数有时可能会遇到"奇异性"问题(singularity problem),即极大似然方法要求用于估计的观测变量的个数不能超过 DSGE 模型中所包含的外生随机扰动的个数,否则极大似然估计就会失效。其原因在于,当观测变量个数大于模型中所包含的外生随机扰动时,观测变量之间将存在一个线性组合,从而将随机因素完全消除。也就是说,这种情况下可以用观测变量之间的线性组合构造出一个确定性的序列,而在现实世界中,这种确定性的序列是无法观测到的,因此,极大似然估计不可行。解决"奇异性"问题的一个有效做法,就是使观测变量的个数与模型中所包含的外生随机冲击个数相等,Kim(2000)、Ireland(2001)、徐高(2008)等就采用了这一方法来消除"奇异性"问题。

2.4.2 贝叶斯参数估计

运用贝叶斯方法估计线性动态随机一般均衡模型结构参数的优势在于,它使研究者可以使用来自于微观计量或者先前宏观计量研究成果的先验信息进而与校准文献建立明确的联系,并且可以获得更高质量的参数估计值,特别是当观测数据的样本较小时。该方法是在给定先验信息,即 DSGE 模型结构参数的先验分布(prior distribution)的前提下,结合基于 Kallmann 滤波所得到的似然函数,就可以得到模型结构参数的后验分布(posterior distribution)密度函数,通过将该后验分布关于模型结构参数直接最小化或采用蒙特卡洛马尔科夫链(MCMC)抽样方法加以最优化即可得到 DSGE 模型结构参数的估计值。

根据上述推导的似然函数(2.41)式,并给定模型结构参数的先验分布 $p(\mu)$,观测变量集 X 和模型结构参数集 μ 的联合分布如下:

$$p(X,\mu) = L(X|\mu) \cdot p(\mu)$$
$$= p(\mu|X) \cdot p(X)$$

(2.43)

从而可得模型结构参数的后验分布:

$$p(\mu|X) = L(X|\mu) \cdot p(\mu)/p(X)$$

(2.44)

将上式后验分布关于模型结构参数直接最小化或者采用蒙特卡洛马尔科夫链(MCMC)抽样的方法优化即可得结构参数的估计值。本论文后续部分运用贝叶斯方法的实证研究借助 Dynare 工具箱在 MATLAB 环境中的计算就采用了蒙特卡洛马尔科夫链抽样的方法来得到模型结构参数的估计值。

2.5 结论

本章主要讨论了本书后续几章实证研究中应用动态随机一般均衡模型(DSGE)所需要的相关数量分析方法,这为本书的实证研究做了方法论上的准备。本章详细介绍了文献以及本书实证研究中应用 DSGE 模型所需要的将非线性 DSGE 模型转化为线性系统的对数线性化方法、线性 DSGE 模型的数值求解方法——BK 方法，以及基于完全信息的 DSGE 模型结构参数的估计方法——极大似然估计和贝叶斯估计。但是，无论是极大似然估计方法还是贝叶斯估计方法，都无法将 DSGE 模型中的所有结构参数都估计出来，因为较为与现实经济环境一致的 DSGE 模型中往往包含较多的参数，而其中的某些参数就不可能通过估计得到，只能借助其他计量研究的成果或相关数据而将其值进行校准，本书后续几章的实证研究就是如此做的，因此极大似然估计和贝叶斯估计都混合了校准的方法。

第3章 基于DSGE模型的货币供应量传导实证研究

本章及之后的第4、5章均为本文应用动态随机一般均衡模型(DSGE)对我国货币政策传导机制进行实证数量分析的章节,这3章实证研究共同构成了本论文的研究主体。这3章实证研究所构建的动态随机一般均衡模型(DSGE)均是以新凯恩斯主义的理论为基础,因此,在设定DSGE模型时,均假定了价格和工资具有名义粘性。本论文的实证研究均在估计的DSGE模型结构参数的基础上,运用脉冲响应图分析我国货币政策的传导过程。本章关注我国央行当前采用的以货币供应量作为中介目标的货币政策传导,因此,在本章DSGE模型中的货币政策板块假定了货币政策采取简单货币供应量规则。此外,为了使本章所采用的DSGE模型能够更好地对现实经济进行拟合进而使本章对货币政策传导的研究更为准确和可信,本章在设定DSGE模型时,除了假定货币政策存在外生随机冲击外,还假定了经济中存在其他几种随机扰动,包括技术冲击、投资调整成本冲击、消费偏好冲击、工资加成冲击和价格加成冲击。

本章的结构安排如下:第3.1节引言部分简单回顾了国内外关于货币供应量传导研究的文献。第3.2节为基于新凯恩斯理论的动态随机一般均衡模型(DSGE)的构建,在本节,将应用第2章所介绍的对数线性化技术将非线性的DSGE模型转化可以直接应用于数据的线性系统。第3.3节为实证研究所用的数据及其处理，以及贝叶斯方法的模型结构参数的估计。第3.4节将运用外生随机冲击的光滑估计以及反事实仿真考察本章所构建的DSGE模型对现实经济的刻画能力。第3.5节在估计的模型参数的基础上，运用脉冲响应图结合DSGE模型中的行为方程对货币政策及其他几个外生冲击的传导进行分析。最后一节为本章的小结。

3.1 引言

当前，运用货币政策干预宏观经济已经成为世界各国的一种普遍实践。中国也是频繁运用货币政策干预宏观经济：2007年以来，为了缓解经济偏热和通货膨胀压力，中国人民银行连续多次上调金融机构人民币存贷款基准利率和存款类金融机构人民币存款准备金率；而从2008下半年开始，受美国次贷危机爆发所引起的国际经济金融环境急剧恶化的影响，为防止经济增长速度过快下滑和出现大的波动，中国的货币政策开始转为宽松——下调人民存贷款基准利率和中央银行再贷款、再贴现率等。于是，一个自然而然的问题是：中国的货币政策是如何对实际经济产生影响的呢？也就是货币政策传导机制问题，对于这一问题的回答，正是本书的研究主题。具体来讲，本书关注货币供应量的传导，因为我国现行的货币政策是以货币供应量为中介目标的。

国内学者对于货币供应量传导的研究多采用协整、格兰杰因果关系检验和VAR模型的方法，如赵昕东、陈飞、高铁梅（2002）、孙明华（2004）、吴培新（2008）等的研究认为我国货币供应量与

第3章 基于 DSGE 模型的货币供应量传导实证研究

GDP 之间存在稳定的关系,从而货币政策传导的货币供应量渠道存在。但由于采用的数据不同,学者们的研究结论并不一致,如莫万贵、王立元(2008)的研究就认为货币供给 M2 与国内生产总值 GDP 之间存在由 GDP 到 M2 的单向格兰杰因果关系,从而我国货币政策传导的货币供应量渠道不存在。

上述学者的研究主要关注货币政策工具——货币供应量与宏观总量指标 GDP 之间的关系,其研究结果无法明确给出货币政策影响实际产出的途径,即货币政策是通过 GDP 四大构成的哪些成分来对其产生影响的,并且上述研究所采用的计量方法 VAR 模型本身是缺乏理论基础的,没有体现宏观经济理论,因此,研究结论难以令人信服。而与上述研究不同,本章的研究关注货币供应量是如何对我国的总产出 GDP 产生影响的,即要找出货币供应量是通过 GDP 总构成的消费、投资、政府购买支出、净出口中的哪些成分来对总产出产生影响[①]。因此,本章运用结构化的动态随机一般均衡模型(DSGE)研究货币供应量的传导,DSGE 模型不仅可以实现本论文的研究目的,还可以避免以往研究缺乏经济理论的弊端。而现有的 DSGE 文献多关注宏观经济波动,对货币政策传导的研究较少,这方面的文献有:Clarida,Gali & Gertler(1999),Gali(1999)、Ireland(1997)、CEE(2003)、Smets & Wouters(2003)、陈昆亭、龚六堂、邹恒甫(2004)、黄赜琳(2005)、李春吉,孟晓宏(2006)、刘斌(2008)[②]等。

[①] 由于本章的研究是在封闭经济下进行的,且本章设定的 DSGE 模型不包含财政政策,因此,本章的研究是要找出货币供应量主要是通过消费和投资中的哪个而对产出产生影响。

[②] 刘斌(2008)在 DSGE 框架下研究了利率传导机制。

3.2　动态随机一般均衡模型(DSGE)的构建

本章的模型主要采取了 Smets & Wouters(2003)和 Ireland(1997)的形式,但与 Smets & Wouters(2003)不同的是,本书将实际余额需求引入了家庭的效用函数中,但没有考虑消费习惯,并且完全指数化名义粘性工资和价格(Smets & Wouters(2003)采用的是部分指数化);与 Ireland(1997)模型不同的是本书将粘性名义工资及投资调整成本纳入了模型框架,且采用 Calvo(1983)的"价格调整信号"引入名义粘性,而 Ireland(1997)是通过用价格调整成本引入名义价格粘性的。本书的模型包含了4个经济主体:代表性家庭、代表性最终产品厂商、代表性中间产品厂商,以及货币政策机构——中央银行。

在每一期 $t=0,1,2,\cdots$,代表性家庭 $j(j\in(0,1))$ 从最终产品厂商那里购买商品,并将劳动和资本供给给中间产品生产商。由于每个家庭供给的劳动是有差别的,从而劳动市场是垄断竞争的,家庭可以决定其劳动的价格,即工资。而资本则在完全竞争市场上供给。家庭的收入除了消费、投资于中间产品厂商之外,还可以持有金融资产现金或者债券。

最终产品厂商从中间产品厂商购买连续的中间产品,并将其作为投入要素以生产最终产品。最终产品厂商在完全竞争市场生产,因此将作为投入要素的中间产品的价格视为既定,且对最终产品的价格没有控制力度,最终产品价格完全取决于市场供求。

代表性中间产品厂商 $i(i\in(0,1))$ 使用从代表性家庭购买的劳动和资本生产中间产品 i。由于中间产品 i 在最终产品生产中并不是完全替代的,从而中间产品市场是垄断竞争的,代表性中间产品厂商 i 是商品 i 的价格决定者。

此外,货币政策当局——中央银行通过变动货币供应量干预经济。

3.2.1 代表性家庭的效用最大化行为

假定经济中具有无限寿命的代表性家庭是连续的,用 j 表示,$j \in (0,1)$。在每一期 $t=0,1,2,\cdots$,代表性家庭 j 需作出一系列决策以最大化其一生的效用。这些决策包括:消费决定、资本积累决定、投资决定、工资决定即劳动供给决定,以及资产持有决定(金融资产中,债券和现金各持有多少)。本书假定家庭在消费和资产持有方面是同质的,而在工资决定即劳动供给方面是异质的。[①]

代表性家庭 j 的效用函数为:

$$E_0 \sum_{t=0}^{\infty} \beta U\left(C_t, \frac{M_t}{P_t}, N_t\right)$$

(3.1)

$\beta \in (0,1)$ 为家庭的随机贴现因子,式(3.1)说明代表性家庭最大化的是其一生效用的现值。家庭的即期效用函数为:

$$U\left(C_t, \frac{M_t}{P_t}, N_t\right) = b_t \left(\frac{\sigma}{\sigma-1} C_t^{\frac{\sigma-1}{\sigma}} + \frac{\gamma}{\gamma-1}\left(\frac{M_t}{P_t}\right)^{\frac{\gamma-1}{\gamma}} - \frac{\phi}{\phi+1} N_t^{\frac{\phi+1}{\phi}}\right)$$

(3.2)

[①] Erceg, Henderson & Levin(2000)通过引入一次性(one-period)债券保证了均衡时家庭在消费和资产持有方面是同质的。

参数 σ、γ、ϕ 均大于 0，其中 σ 为消费的跨期替代弹性，γ 为货币需求的利率弹性，ϕ 为家庭的劳动供给弹性；消费偏好冲击 b_t 为 $AR(1)$ 过程：

$$\ln b_t = \rho_b \ln b_{t-1} + \eta_t^b$$

(3.3)

其中 $\rho_b \in (-1,1)$，η_t^b 是具有 0 均值、标准误为 σ_b 的 $i.i.d.$ 正态分布。家庭在最大化其一生效用时受到的跨期预算约束为：

$$P_t(C_t + I_t) + \frac{1}{R_t} B_t + M_t \leqslant M_{t-1} + B_{t-1} + W_t N_t +$$

$$Div_t + R_t^k u_t K_t - P_t f(u_t) K_t + T_t$$

(3.4)

其中，消费 C_t、劳动供给 N_t、投资 I_t、资本 K_t 均为实际变量；B_t 为家庭在 t 期以价格 $1/R_t$ 购买的一次性(one-period)债券的数量，R_t 为名义的债券总收益率；B_{t-1} 为家庭 $t-1$ 期购买的债券在 t 期初的本息和；T_t 为中央银行给予家庭的一次性转移支付；M_{t-1}、K_t 分别为家庭在进入 t 期时持有的现金和资本；M_t 为 t 期末持有的现金，W_t 为名义工资；Div_t 为家庭从中间产品厂商那里获得的红利；R_t^k 为名义的资本使用价格，u_t 为资本利用率，$p_t f(u_t) K_t$ 为名义资本使用成本，从而净资本出租回报为 $R_t^k u_t K_t - P_t f(u_t) K_t$，即资本出租回报不仅取决于出租的资本量，还取决于资本利用率 u_t。同 CEE(2003)一样，本书假定稳态时资本利用率 $u_t = 1$，资本使用成本 $f(1) = 0$。

家庭 j 的资本积累方程为：

$$K_{t+1} = (1-\delta) K_t + \left(1 - S\left(\frac{z_t I_t}{I_{t-1}}\right)\right) I_t$$

(3.5)

其中,δ 为资本折旧率,$S(\cdot)$ 为投资调整成本,且是投资变化的增函数。同 CEE(2003)一样,本书假定稳态时 $S(\cdot)=S'(\cdot)=0$,从而投资调整成本仅取决于 $S(\cdot)$ 的二阶导数。投资调整成本冲击 z_t 为 $AR(1)$ 过程:

$$\ln z_t = (1-\rho_z)\ln z + \rho_z \ln z_{t-1} + \eta_t^z$$

(3.6)

其中,$\rho_z \in (-1,1)$,η_t^z 是具有 0 均值、标准误为 σ_z 的 $i.i.d.$ 正态分布。

在(3.4)、(3.5)的约束下,代表性家庭 j 通过决定 C_t、M_t/P_t、B_t、K_t、u_t、I_t 的数量以最大化其效用函数(3.1),构建拉格朗日函数为:

$$\begin{aligned}L = & E_t \sum_{t=0}^{\infty} \beta U\left(C_t, \frac{M_t}{P_t}, N_t\right) + \beta\lambda_t [M_{t-1}+B_{t-1}+W_t N_t + \\ & Div_t + R_t^k u_t K_t - P_t f(u_t) K_t + T_t] + \\ & \beta\lambda_t \Big[-P_t(C_t+I_t) - \frac{1}{R_t} B_t - M_t + P_t Q_t \cdot \\ & \Big[(1-\delta)K_t + \Big(1-S\Big(\frac{z_t I_t}{I_{t-1}}\Big)\Big)I_t - K_{t+1}\Big]\Big]\end{aligned}$$

则可得各一阶条件如下:

$$b_t C_t^{-\frac{1}{\sigma}} - \lambda_t P_t = 0$$

(3.7)

$$b_t \left(\frac{M_t}{P_t}\right)^{-\frac{1}{\gamma}} + \beta P_t E_t\{\lambda_{t+1}\} - \lambda_t P_t = 0$$

(3.8)

$$\beta E_t\{\lambda_{t+1}\} - \lambda_t \frac{1}{R_t} = 0$$

(3.9)

$$\beta E_t\{\lambda_{t+1}(R^k_{t+1}u_{t+1}-f(u_{t+1})+P_{t+1}Q_{t+1}(1-\delta)))\}-\lambda_t P_t Q_t=0$$
(3.10)

$$R^k_t=P_t f'(u_t)$$
(3.11)

$$Q_t\left(1-S\left(\frac{z_t I_t}{I_{t-1}}\right)\right)=1+Q_t S'\left(\frac{z_t I_t}{I_{t-1}}\right)\frac{z_t I_t}{I_{t-1}}$$
$$-\beta E_t\left\{Q_{t+1}\frac{\lambda_{t+1}}{\lambda_t}\frac{P_{t+1}}{P_t}S'\left(\frac{z_{t+1}I_{t+1}}{I_t}\right)\frac{z_{t+1}I_{t+1}}{I_t}\frac{I_{t+1}}{I_t}\right\}$$
(3.12)

其中,λ_t为预算约束(3.4)式的拉格朗日乘子,其含义为消费的边际效用;Q_t为(3.5)式的拉格朗日乘子,其含义为资本投资价值。此外,由于不同家庭提供的劳动是有差别的,从而劳动市场是垄断竞争的,家庭在劳动市场上是其所提供的劳动的价格决定者。与Kollmann(1997)、CEE(2003)以及Smets & Wouters(2003)一样,本书也采取Calvo(1983)的方式引入粘性名义工资,即假定只有当家庭接收到随机的"工资调整信号"时,家庭才可以将其名义工资调整到最优。每一期家庭接收到"工资调整信号"的概率是常数,为$1-\xi_w$,接收到调整信号的家庭j在t期将其最优名义工资制定为W_t^*。此外,没有接收到"工资调整信号"的家庭则按照上一期的通货膨胀($\pi_t=P_t/P_{t-1}$)调整其名义工资,即:

$$W_t(j)=\pi_{t-1}W_{t-1}(j)$$
(3.13)

为得到家庭的最优工资W_t^*的决定方程,假定经济中存在一个中间劳动雇佣者,它从家庭购买不同种类的劳动,然后打包卖给中间产品生产商。该中间劳动雇佣者通过决定每种劳动j的最优购买数量以最大化其利润:

第 3 章 基于 DSGE 模型的货币供应量传导实证研究

$$\Pi_t = W_t N_t - \int_0^1 W_t(j) N_t(j) \mathrm{d}j$$

(3.14)

其中,$N_t(j)$ 为第 j 种劳动的需求数量,$W_t(j)$ 为其价格。W_t 为总的工资水平,中间劳动雇佣者的总劳动需求为：

$$N_t = \left(\int_0^1 N_t(j)^{\frac{\theta_t^w - 1}{\theta_t^w}} \mathrm{d}j\right)^{\frac{\theta_t^w}{\theta_t^w - 1}}$$

(3.15)

其中,θ_t^w 为随时间而变化的劳动需求的工资弹性。则由中间劳动雇佣者利润最大化的一阶条件得到：

$$N_t(j) = \left(\frac{W_t(j)}{W_t}\right)^{-\theta_t^w} N_t$$

(3.16)

均衡时,中间劳动雇佣者的经济利润等于 0,则将(3.16)代入(3.14)式可得到总工资水平 W_t 与第 j 种劳动的价格 $W_t(j)$ 的关系,如下式：

$$\begin{aligned} W_t &= \left[\int_0^1 W_t(j)^{1-\theta_t^w} \mathrm{d}j\right]^{\frac{1}{1-\theta_t^w}} \\ &= \left[\xi_w (\pi_{t-1} W_{t-1})^{1-\theta_t^w} + (1-\xi_w) W_t^{*\,1-\theta_t^w}\right]^{\frac{1}{1-\theta_t^w}} \end{aligned}$$

(3.17)

假定代表性家庭 j 在 t 期制定最优工资 W_t^* 之后没有再收到工资调整信号,则其 $t+k$ 期的工资为 $W_{t+k} = X_{tk} W_t^*$,其中 $X_{tk} = \begin{Bmatrix} \pi_t \pi_{t+1} \cdots \pi_{t+k-1} & k \geq 1 \\ 1 & k = 0 \end{Bmatrix}$(由(3.13)式得到)。在(3.4)式和(3.16)式的约束下,代表性家庭 j 选择最优工资 W_t^* 最大化其 $(t, t+k)$ 期之间的效用的现值之和：

$$\max E_t \sum_{k=0}^{\infty} (\beta\xi_w)^k U\left(C_{t+k/t}, \frac{M_{t+k/t}}{P_{t+k/t}}, N_{t+k/t}\right)$$

(3.18)

由一阶条件得到：

$$\sum_{k=0}^{\infty} (\beta\xi_w)^k E_t \left\{ N_{t+k} U_c \left(\frac{W_t^*}{P_{t+k}} X_{tk} + \mu_{t+k}^w \frac{U_n}{U_c} \right) \right\} = 0$$

(3.19)

其中，$U_n = -b_{t+k} N_{t+k}^{\frac{1}{\phi}}$，$U_c = b_{t+k} C_{t+k}^{-\frac{1}{\sigma}}$。工资加成冲击 $\mu_{t+k}^w = \frac{\theta_{t+k}^w}{\theta_{t+k}^w - 1}$，为 $AR(1)$ 过程：

$$\ln\mu_t^w = (1 - \rho_{\mu^w})\ln\mu^w + \rho_{\mu^w}\ln\mu_{t-1}^w + \eta_t^w$$

(3.20)

其中，$\rho_{\mu^w} \in (-1, 1)$，μ^w 为稳态时的工资加成比例，η_t^w 是具有 0 均值、标准误为 σ_{μ^w} 的 $i.i.d.$ 正态分布。

3.2.2 厂商的利润最大化行为

1) 最终产品厂商的利润最大化

最终产品市场是完全竞争的，厂商使用连续的中间产品 $Y_t(i)$ $(i \in (0,1))$ 生产唯一的最终产品 Y_t。最终产品厂商的生产函数为：

$$Y_t = \left(\int_0^1 Y_t(i)^{\frac{\theta_t^p - 1}{\theta_t^p}} di \right)^{\frac{\theta_t^p}{\theta_t^p - 1}}$$

(3.21)

其中，θ_t^p 为可变的需求弹性。由于市场是完全竞争的，最终产品厂商将其生产的产品价格 P_t 与投入中间品价格 $P_t(i)$ 视为给定。

第3章 基于 DSGE 模型的货币供应量传导实证研究

最终产品厂商在上式生产技术的约束下最大化其利润：

$$P_t Y_t - \int_0^1 P_t(i) Y_t(i) \mathrm{d}i$$

则由一阶条件得到最终产品厂商对第 i 种中间投入产品的需求为：

$$Y_t(i) = \left(\frac{P_t(i)}{P_t}\right)^{-\theta_t^p} Y_t$$

(3.22)

将(3.22)代入(3.21)得到最终产品价格 P_t 与中间产品价格 $P_t(i)$ 之间的关系为：

$$P_t = \left[\int_0^1 P_t(i)^{1-\theta_t^p} \mathrm{d}i\right]^{\frac{1}{1-\theta_t^p}}$$

(3.23)

2) 中间产品厂商的利润最大化

中间产品 $i \in (0,1)$ 是在垄断竞争市场生产，厂商的生产函数为：

$$Y_t(i) \leqslant A_t \tilde{K}_t(i)^\alpha N_t(i)^{1-\alpha}$$

(3.24)

其中，有效资本 $\tilde{K}_t(i) = u_t K_t(i)$，$N_t(i)$ 是投入的劳动数量，为式(3.15)所给出的所有 j 种劳动的组合，技术冲击 A_t 为 $AR(1)$ 过程：

$$\ln A_t = (1-\rho_a)\ln A + \rho_a \ln A_{t-1} + \eta_t^a$$

(3.25)

其中，$\rho_a \in (-1,1)$，A 为稳态时的技术水平，等于1，η_t^a 是具有0均值、标准误为 σ_a 的 $i.i.d.$ 正态分布。

根据边际成本等于要素价格除以其边际生产率可得中间产

品厂商的实际边际成本为：

$$MC_t = \frac{1}{A_t}(r_t^k)^\alpha w_t^{1-\alpha} \alpha^{-\alpha}(1-\alpha)^{\alpha-1}$$

(3.26)

其中，实际资本使用价格 $r_t^k = R_t^k/P_t$，实际工资 $w_t = W_t/P_t$。结合式 (3.26) 和 $MC_t = \dfrac{w_t}{MPN_t} = \dfrac{w_t}{(1-\alpha)A_t(u_t K_t)^\alpha N_t(i)^{-\alpha}}$ 得到劳动需求方程[①]：

$$N_t(i) = (1-\alpha)\alpha^{-1} r_t^k u_t K_t w_t^{-1}$$

(3.27)

此处再次假定中间厂商定价时采用 Calvo(1983) 的机制（见 CEE(2003), Smets & Wouters(2003)），即每一期，厂商将其产品名义价格调整为最优价格 P_t^* 的概率为 $1-\xi_p$。这种价格调整能力不依赖于厂商或时间，而取决于厂商是否接收到了"价格调整信号"。当厂商不制定最优价格时，其产品价格按照过去的通货膨胀调整，即：

$$P_t(i) = \pi_{t-1} P_{t-1}(i)$$

(3.28)

t 期制定最优价格的厂商选择最优价格 P_t^* 最大化其在 $(t, t+k)$ 之间利润的现值之和：

$$\max E_t \sum_{k=0}^{\infty} \xi_p^k \zeta_{t,t+k}(P_t^* X_{tk} - P_{t+k}(i)MC_{t+k}) Y_{t+k}(i)$$

(3.29)

其中，贴现因子 $\zeta_{t,t+k} = \beta^k \dfrac{\lambda_{t+k}}{\lambda_t}$，稳态时，$\zeta_{t,t+k} = \beta^k$，则由利润最大

---

① MPN_t 为投入要素劳动的边际产出，即为生产函数(3.24)式对劳动 N_t 的偏导。

化得到一阶条件：

$$\sum_{k=0}^{\infty} \xi_p^k E_t \left\{ \zeta_{t,t+k} Y_{t+k}(i) \left(\frac{P_{t+k-1}}{P_{t-1}} P_t^* - \mu_{t+k}^p P_{t+k}(i) MC_{t+k} \right) \right\} = 0$$

(3.30)

其中，工资加成冲击 $\mu_{t+k}^p = \dfrac{\theta_{t+k}^p}{\theta_{t+k}^p - 1}$，为 $AR(1)$ 过程：

$$\ln \mu_t^p = (1 - \rho_{\mu^p}) \ln \mu^p + \rho_{\mu^p} \ln \mu_{t-1}^p + \eta_t^{\mu^p}$$

(3.31)

其中，$\rho_{\mu^p} \in (-1,1)$，μ^p 为稳态时的价格加成比例，$\eta_t^{\mu^p}$ 是具有 0 均值、标准误为 σ_{μ^p} 的 $i.i.d.$ 正态分布。

3.2.3 对称均衡与对数线性化模型

对称均衡时，对于 $t=0,1,2,\cdots$，所有家庭的决策是一致的：制定相同的最优工资，积累同样的资本，持有相同的金融资产等。同时，所有厂商的决策也是相同的，则有 $P_t(i) = P_t$，$Y_t(i) = Y_t$，$N_t(i) = N_t$，$K_t(i) = K_t$，且厂商获得同等的利润。此外，市场均衡要求对于任何 $t=0,1,2,\cdots$，$B_t = B_{t-1} = 0$ 和 $M_t = M_{t-1} + T_t$，从而由预算约束式(3.4)可得到总资源约束方程：

$$Y_t = C_t + I_t$$

(3.32)

稳态时，对于任何 $t=0,1,2,\cdots$，所有的变量均为常数，即 $Y_t = Y$，$C_t = C$，$N_t = N$，$M_t = M$，$K_t = K$，$I_t = I$，$P_t = P$，$R_t^k = R^k$，$\pi_t = \pi = 1$，$A_t = A = 1$，$\mu_t^p = \mu^p$，$\mu_t^w = \mu^w$，$b_t = b$，$z_t = z$。相应地，定义 $\hat{x}_t = \ln(X_t/X)$ 为变量 X_t 对其稳态值 X 的对数偏离，则对数线性化形式的模型如下：

由(3.7)式、(3.8)式、(3.9)式得到货币需求方程：

$$-\frac{1}{\gamma}\hat{m}_t + \frac{1}{\sigma}\hat{c}_t = \frac{\beta}{1-\beta}\hat{r}_t$$

(3.33)

(3.33)式说明货币需求与利率成反方向变化，即当利率下降时，出于投机性需要，货币需求增加；而货币需求与消费成同方向变化，这说明随着经济状况的改善（即总产出增加进而居民的收入增加），出于交易性需要，货币需求是增加的。

消费的欧拉方程，则由式(3.7)和(3.9)得到：

$$\hat{c}_t = E_t\{\hat{c}_{t+1}\} + \sigma(-\hat{r}_t + E_t\{\hat{\pi}_{t+1}\} - E_t\{\hat{b}_{t+1} - \hat{b}_t\})$$

(3.34)

(3.34)式为传统的前瞻性的消费方程，说明本期消费水平受未来消费的影响。同时，消费偏好的存在使得消费还受消费偏好冲击的影响，由(3.34)式可知，理论上该消费偏好冲击对消费的影响是正的。

资本投资价值方程由(3.7)式、(3.10)式和(3.11)式得到：

$$\hat{q}_t = \beta(1-\delta)E_t\{\hat{q}_{t+1}\} - \hat{r}_t + E_t\{\hat{\pi}_{t+1}\} + (1-\beta(1-\delta))E_t\{\hat{r}^k_{t+1}\}$$

(3.35)

(3.35)式的说明资本投资价值与利率负相关，与预期通货膨胀率以及未来资本使用价格正相关。

投资方程由式(3.12)得到：

$$\hat{i}_t = \frac{\beta}{1+\beta}E_t\{\hat{i}_{t+1}\} + \frac{1}{1+\beta}\hat{i}_{t-1} + \frac{\psi}{1+\beta}\hat{q}_t + \frac{1}{1+\beta}E_t\{\beta\hat{z}_{t+1} - \hat{z}_t\}$$

(3.36)

其中 $\psi = 1/s''(\cdot)$，为正数。(3.36)式说明投资正向取决于资本投资价值，而与资本投资调整成本冲击负相关。因为正的投资调整成本冲击意味着投资成本上升,因此,正的投资调整成本冲击等同于负的投资冲击从而将降低投资。

由式(3.11)可得到对数线性化的实际资本使用价格与资本利用率的关系:

$$\hat{r}_t^k = \hat{u}_t / \psi_u$$
(3.37)

其中,$\psi_u = f'(1)/f''(1)$。

生产函数由式(3.24)和(3.37)得到:

$$\hat{y}_t = \hat{a}_t + \alpha \hat{k}_t + \alpha \psi_u \hat{r}_t^k + (1-\alpha)\hat{n}_t$$
(3.38)

资本演进方程(3.5)对数线性化为:

$$\hat{k}_{t+1} = (1-\delta)\hat{k}_t + \delta \hat{i}_t$$
(3.39)

由式(3.17)和(3.19)得到实际工资决定方程:

$$\hat{w}_t = \frac{1}{1+\beta}(\hat{\pi}_{t-1} + \hat{w}_{t-1}) - \hat{\pi}_t + \frac{\beta}{1+\beta}E_t\{\hat{w}_{t+1} + \hat{\pi}_{t+1}\} - \frac{(1-\beta\xi_w)(1-\xi_w)}{(1+\beta)\xi_w}\left(\hat{w}_t - \hat{\mu}_t^w - \frac{1}{\phi}\hat{n}_t - \frac{1}{\sigma}\hat{c}_t\right)$$
(3.40)

(3.40)式说明工资不仅取决于过去及预期工资的影响,还受到上一期、同期及预期未来通货膨胀的影响,特别是与本期通胀负相关。此外,正向工资加成冲击,以及经济的景气(即就业增加、消费增加)会导致实际工资水平的上升。

同样地,完全指数化的通货膨胀方程由式(3.23)、(3.26)和(3.30)得到:

$$\hat{\pi}_t = \frac{1}{1+\beta}\hat{\pi}_{t-1} + \frac{\beta}{1+\beta}E_t\{\hat{\pi}_{t+1}\}$$

$$+ \frac{(1-\beta\xi_p)(1-\xi_p)}{(1+\beta)\xi_p}(-\hat{a}_t + \alpha\hat{r}_t^k + (1-\alpha)\hat{w}_t + \hat{\mu}_t^p)$$

(3.41)

上式即为新凯恩斯主义的菲利普斯曲线：通货膨胀取决于过去和预期未来通货膨胀以及当期实际边际成本，且价格加成冲击也影响通货膨胀（正向价格加成冲击所导致的通货膨胀率的上升意味着经济中存在成本推动型通胀）。

产品市场均衡条件即总资源约束方程(3.32)可对数线性化为：

$$\hat{y}_t = \frac{\mu^p(1-\beta(1-\delta))-\alpha\beta\delta}{\mu^p(1-\beta(1-\delta))}\hat{c}_t + \frac{\delta\alpha\beta}{\mu^p(1-\beta(1-\delta))}\hat{i}_t$$

(3.42)

由上式的总资源约束方程可知，总产出正向取决于消费和投资的增加。

劳动需求方程由式(3.27)和(3.37)得到：

$$\hat{n}_t = \hat{k}_t - \hat{w}_t + (1+\psi_u)\hat{r}_t^k$$

(3.43)

模型中所包含的5个冲击，即方程(3.3)、(3.6)、(3.20)、(3.25)、(3.31)的对数线性化形式为式(3.44)～(3.48)：

$$\hat{b}_t = \rho_b\hat{b}_{t-1} + \eta_t^b$$

(3.44)

$$\hat{z}_t = \rho_z\hat{z}_{t-1} + \eta_t^z$$

(3.45)

$$\hat{\mu}_t^w = \rho_{\mu^w}\hat{\mu}_{t-1}^w + \eta_t^{\mu^w}$$

(3.46)

第3章 基于 DSGE 模型的货币供应量传导实证研究

$$\hat{a}_t = \rho_a \hat{a}_{t-1} + \eta_t^a \tag{3.47}$$

$$\hat{\mu}_t^p = \rho_{\mu^p} \hat{\mu}_{t-1}^p + \eta_t^{\mu^p} \tag{3.48}$$

3.2.4 中央银行的政策行为

当前我国货币政策部门——中国人民银行以货币供应量作为货币政策的中介目标,并且,本章研究的目标是考察货币供应量在我国经济中的传导,因此,假定中央银行制定和实施货币政策时采取简单货币供应量增长规则。定义货币供应量增长率 $\theta_t = M_t / M_{t-1}$,则货币政策规则为:

$$\hat{\theta}_t = \rho_\theta \hat{\theta}_{t-1} + \eta_t^\theta \tag{3.49}$$

即本期货币增长是上期货币增长的函数。其中,$\rho_\theta \in (-1, 1)$,η_t^θ 是具有 0 均值、标准误为 σ_θ 的 $i.i.d.$ 正态分布。

上述方程(3.33)~(3.36),(3.38)~(3.49)以及线性化的货币增长率 $\hat{\theta}_t = \hat{m}_t - \hat{m}_{t-1} + \hat{\pi}_t$,便构成了 DSGE 模型的对数线性化形式,下文第三部分的参数估计和第四部分的脉冲响应分析都是基于该对数线性化的 DSGE 模型进行的。

3.3 数据和模型估计

3.3.1 数据

本章实证研究的数据来自于 CCER 和中经统计网。观测数据样本期为 1992 年 1 季度至 2009 年 1 季度,分别以国内生产总值、社会消费品零售总额、固定资产投资完成额、货币供应量 M2、全部从业人员劳动报酬作为模型中产出 Y、消费 C、投资 I、货币需求 M 以及工资 W 的替代变量。通货膨胀 π 是以环比的居民消费价格指数 CPI 作为价格 P 的替代变量计算得到,其中 CPI 以 1992 年 1 季度作为基期进行了定基处理[1]。Y、C、I、M、W 均以定基 CPI 作为价格进行处理,并得到实际值,即将名义的国内生产总值等 5 个数据除以定基 CPI 得到相应的实际值。本书采用 Baxter & King(1999)的 BP 滤波方法对全部 6 个观测变量进行了退势(de-trending)和季节调整处理,经过 BP(6,32)滤波处理,保留各观测变量周期为 6~32 个季度的分量,去掉了周期小于 6 个季度和大于 32 个季度的分量,处理结果见图 3.1,以各观测变量对其稳态值的偏离来表示。

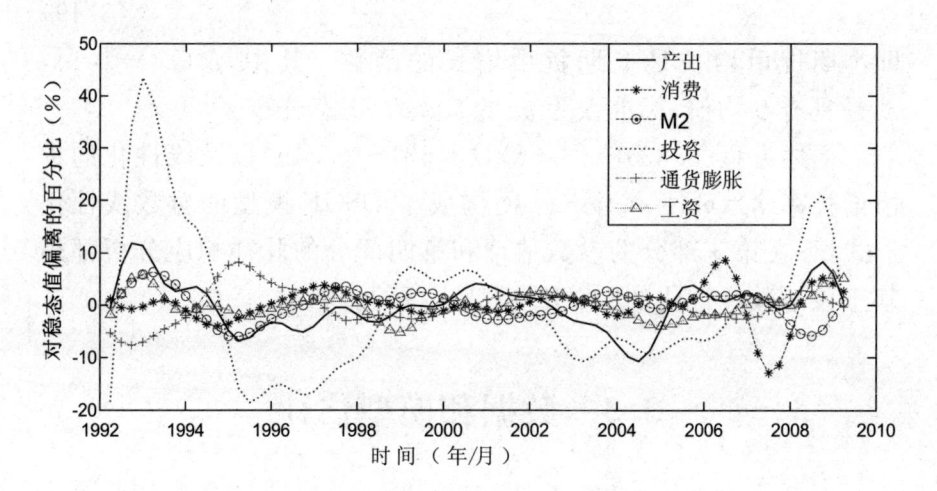

图 3.1 观测变量的 BP 滤波处理

---

[1] 原始 CPI 为环比数据,定基 CPI 的具体算法是将 1992 年 1 季度的 CPI 定为 100,则之后各期定基 CPI 等于本期环比 CPI 乘以上一期定基 CPI 再除以 100 得到。

3.3.2 参数估计方法

本部分采用贝叶斯方法估计上述线性 DSGE 模型的参数。该方法提供了观测数据的全部信息,结合似然函数和模型参数的先验分布(prior distribution)形成后验分布(posterior distribution)密度函数。DSGE 模型既可以通过将该后验分布关于模型参数直接最小化来估计,也可以采用蒙特卡洛马尔科夫链(MCMC)抽样方法加以最优化。本书采用的是后者[①]。下文参数的估计值是通过运用 Dynare 工具箱,在 MATLAB 7.7 环境中计算得到的。

3.3.3 参数估计结果

由于受可得数据个数的限制,模型中的参数不可能全部通过估计得到,部分结构参数需要根据已有文献的研究结果进行设定,或根据其它数据校准得到。随机贴现因子 β 在已有文献中均采用校准的方法得到,如 Ireland(1997)等将 β 值校准为 0.99。本书根据我国个人 3 个月期定期存款利率将 β 值校准为 0.9701,因为样本期内我国 1 年期定期存款利率的均值为 3.08%,而 $\beta=1/R$(由(3.9)式得到,且 $R=1+$ 季度利率)。根据我国全部从业人员劳动报酬占 GDP 的比重,将资本份额 α 校准为 0.41。现有文献的研究认为劳动供给的工资弹性 ϕ 较难通过估计得到,因此本书根据 Smets & Wouters(2003)将其校准为 0.42。资本折旧率 δ 校准为 0.025,意味着年折旧率为 10%(见 CEE (2003))。稳态的价格价格加成比例 μ 校准为 1.2,意味着稳态时

---

① 参数的先验和后验分布图在下文的参数估计结果部分由图 3.2 和图 3.3 给出。

中间产品的需求弹性 θ^p 为 6(稳态时 $\mu=\theta^p/(\theta^p-1)$)。模型中其余参数由贝叶斯估计方法得到,其先验分布如下:6 个外生冲击的标准误服从倒伽马分布,外生冲击持久性参数服从均值为 0.85、标准误为 0.1 的贝塔分布,消费的跨期替代弹性 σ、货币需求弹性 γ、投资调整成本参数 ψ 以及资本利用参数 ψ_u 均服从正态分布,两个名义粘性参数 ξ_p、ξ_w 服从贝塔分布[1]。表 3.1 和表 3.2 分别给出了校准的参数值和贝叶斯参数估计值。

表 3.1 参数校准值

参数	β	α	δ	μ	φ
校准值	0.9701	0.41	0.025	1.2	0.42

表 3.2 贝叶斯参数估计值

参数	估计值	标准误	参数	估计值	标准误
ρ_a	0.8225	0.0404	σ_a	0.1173	0.0200
ρ_b	0.8047	0.0611	σ_b	0.0777	0.0106
ρ_z	0.7357	0.0612	σ_z	0.1739	0.0228
ρ_{μ^p}	0.8374	0.0524	σ_{μ^p}	0.0739	0.0240
ρ_{μ^w}	0.8818	0.0692	σ_{μ^w}	0.1063	0.0357
ρ_θ	0.7992	0.0267	σ_θ	0.0144	0.0012
σ	0.3305	0.0297	γ	0.4225	0.1309
ψ	0.1826	0.0602	ψ_u	0.1978	0.0739
ξ_p	0.9082	0.0133	ξ_w	0.9107	0.0130

图 3.2 和图 3.3 为本书模型结构参数的先验分布和后验分布图。由两图中参数的后验分布形态可知,本书运用贝叶斯方法

---

[1] 参数的先验分布形态参考 Smets & Wouters(2003)。

第 3 章 基于 DSGE 模型的货币供应量传导实证研究

对模型结构参数的估计非常有效,因为几乎所有结构参数的后验分布都呈正态分布。此外,本书的参数估计在统计上也都是显著的。消费跨期替代弹性 σ 的估计值为 0.3305,货币需求的利率弹性 γ 的估计值为 0.4225。投资调整成本参数 ψ 和资本利用成本参数 ψ_u 的估计值分别为 0.1826 和 0.1978,大于 Smets & Woutes(2003)对欧元区所估计的 0.148 和 0.169。参数不制定最优价格的概率 ξ_p 与不制定最优工资的概率 ξ_w 的估计值分别为 0.9082、0.9107,这意味着价格和工资的粘性(即持久期)分别为 10.9 和 11.2 个季度,即 2.7 年和 2.8 年,大于 Smets & Wouters (2003)所估计的欧元区的价格粘性和工资粘性分别为 2.5 年和 1 年。价格粘性比较接近,说明我国的商品市场机制正逐步得到有效的完善,而较大的工资粘性与我国当前的工资制度是有很大联系的,在我国当前,工资水平的调整非常缓慢,很多部门的工资水平几乎几年都不会调整,较大的工资粘性也说明了我国当前劳动的价格受市场供求的调整力度较小。

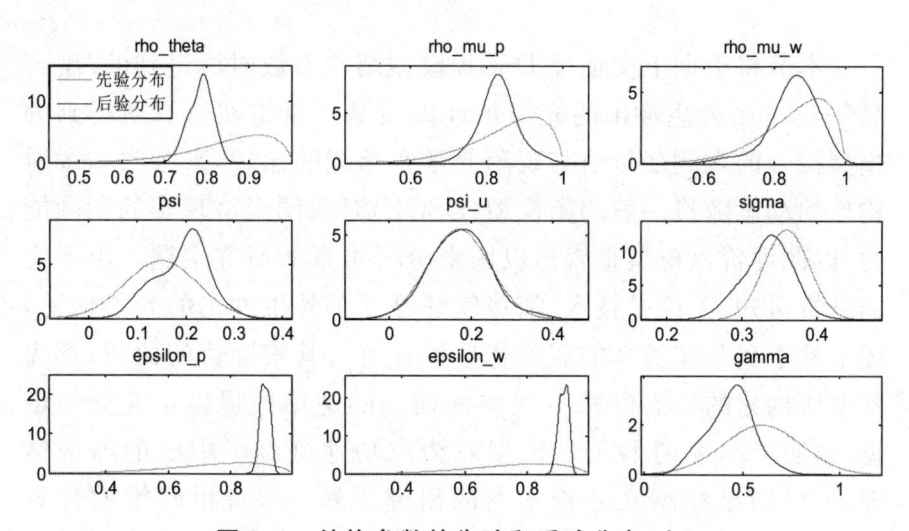

图 3.2 结构参数的先验和后验分布(上)

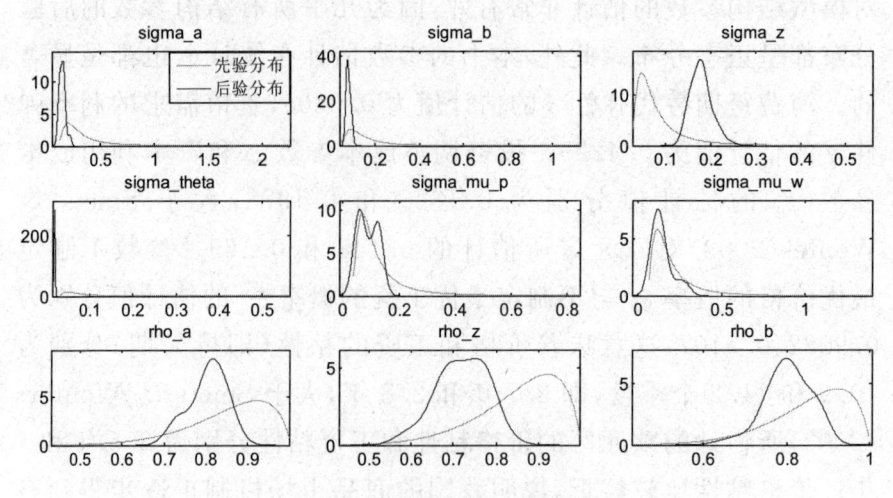

图 3.3　结构参数的先验和后验分布(下)

3.4　DSGE 模型适用性分析

本节将根据上文估计 DSGE 模型结构参数时所得到的"副产品"——6 个外生冲击的光滑估计以及基于反事实仿真所得到的模型拟合的观测变量值与观测变量实际值的比较,来考察本章所构建的动态随机一般均衡模型(DSGE)对我国经济现实的刻画能力,以此评价该模型是否可以用来分析本章的研究主题。由下文的分析可知,无论是技术、消费偏好等 6 个外生冲击的光滑估计,还是基于反事实仿真的观测变量拟合值与其实际值的比较,都为本书所构建的动态随机一般均衡模型的适用性提供了充分的证据,说明了本章的 DSGE 模型较为成功地刻画了中国的经济情况,可以用该模型来分析本书的研究主题——货币政策的传导途径。

第3章　基于DSGE模型的货币供应量传导实证研究

3.4.1　外生冲击的光滑估计

图3.4为估计模型参数时所得到的6个外生冲击的光滑估计。由图3.4可以看出，6个外生冲击的光滑估计值与我国经济发展路径较为吻合，在一定程度上说明了本章所构建的动态随机一般均衡模型对我国的经济现实刻画较好。

我国自上个世纪90年代开始实施改革开放政策，在政策的推动下，我国经济开发展势头良好——投资高涨、经济高速增长等。图中在观测样本初期，即1992年，投资调整成本冲击的光滑估计为负，而负的投资调整成本冲击意味着投资增加；同时，技术冲击的光滑估计为正，技术进步使产出增加，由此，投资增加和技术进步在90年代初期共同推进了我国当时的高速增长，这与我国当时的实际经济情况是相符的。

在1994年左右，我国进行了粮食收购价格及工资制度改革，再加上前几年经济的膨胀性增长，最终导致了我国在1994年爆发了通货膨胀，图中工资加成冲击的光滑估计在1993年下半年至1995年均为正值，说明当时的工资水平是上升的并推动了通货膨胀率的上升。上文第3.2节线性DSGE系统中的方程(3.40)和(3.41)很好地说明了这一点。

到了1997年，受"亚洲金融危机"所累，我国经济状况趋于低迷，在这一时期，技术冲击的光滑估计值趋于下降，工资加成冲击的光滑估计值为负，为了抵消危机的影响，我国的货币政策转为宽松的，货币增长率趋于上升。到了2007年，始于2003年的新一轮高速增长导致我国经济过热、通胀压力过大，表现为消费偏好冲击、工资加成冲击和价格加成冲击均为正值，为了缓解经济偏热的情况，我国的宏观经济政策转为从紧：货币供应量冲击的

货币政策传导机制：数理建模与实证

光滑估计为负，央行紧缩了货币供应量。

但是在2008年，受美国"次贷危机"爆发所导致的世界经济环境急剧恶化的影响，我国经济趋于低迷：投资下降——投资调整成本冲击的光滑估计值为正且趋于上升；消费疲软——消费偏好冲击的光滑估计值趋于下降；通货膨胀率下降——工资加成冲击和价格加成冲击、以及技术冲击的光滑估计值均是下降的。因此，从2008年下半年开始，我国货币政策由紧转为宽松的，货币供应量冲击的光滑估计值为正。

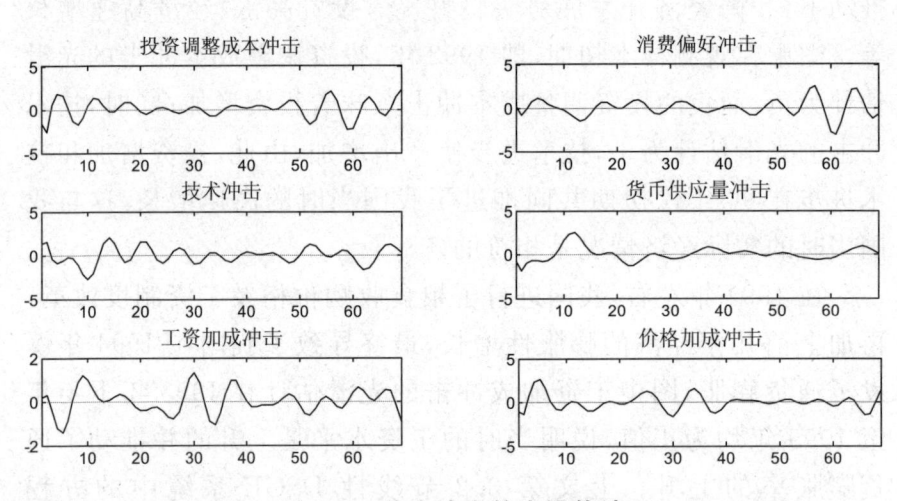

图 3.4　外生冲击的光滑估计

3.4.2　观测变量反事实仿真拟合值与实际值的比较

反事实仿真不仅可以帮助我们衡量单个外生随机冲击对我国不同经济变量的影响力度（具体于本章，就是要考察6个观测变量中的某一个变量主要受外生冲击中的哪一个的影响），而且最终可以用来评价上文所构建的DSGE模型对我国经济的刻画

第3章 基于DSGE模型的货币供应量传导实证研究

能力。具体做法是,在反事实仿真时,依次保留6个外生随机冲击中的某一个而关闭其他5个冲击,分别模拟出产出、消费、投资、货币供应量M2、通货膨胀以及工资等6个观测变量的值并与他们的实际观测值进行比较。图3.5至图3.10为只有单个外生冲击存在时反事实仿真对观测变量的拟合值与其实际观测值的比较。而图3.11则为全部6个外生冲击均存在时反事实仿真对观测变量的拟合值与其实际观测值的比较。

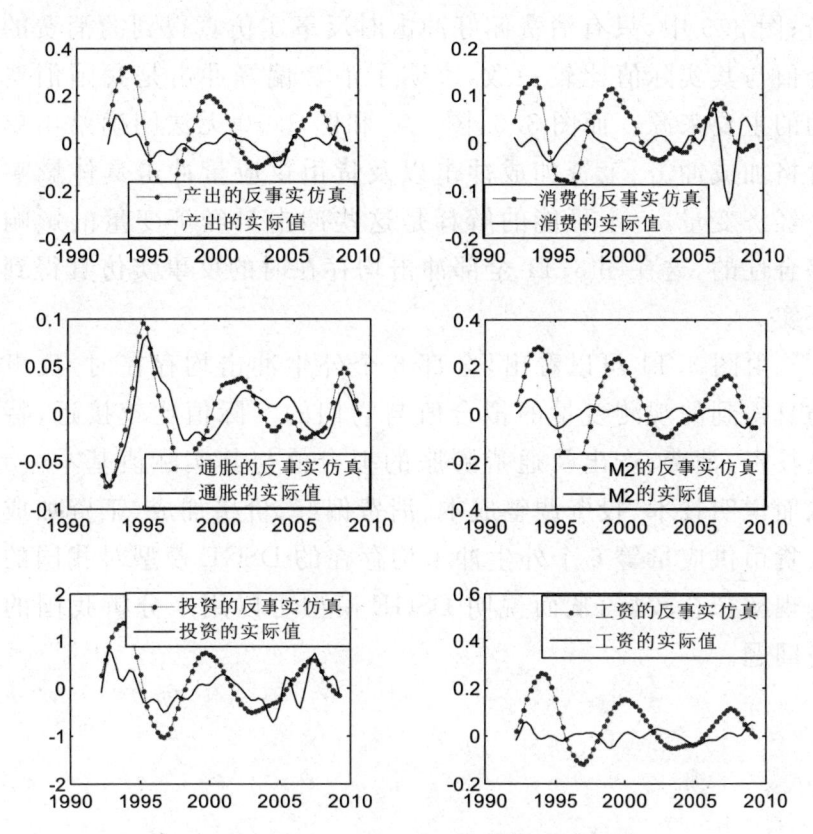

图3.5 仅有技术冲击时观测变量反事实
仿真拟合值与实际值的比较

图 3.5 为假定只有技术冲击存在时,通过反事实仿真得到的 6 个观测变量的拟合值与其实际值的比较。由图中可以看出,在只有技术冲击时,通货膨胀率的拟合值与其实际值非常接近,从而表明在我国经济中,技术冲击是导致通货膨胀率波动的主导因素。类似地,在图 3.8 中,只有投资调整成本冲击时反事实仿真得到的投资和产出的拟合值均与其实际值比较接近,从而说明了我国的投资和产出波动的主要来源是投资调整成本冲击;图 3.9 中,只有消费偏好冲击时反事实仿真得到的消费的拟合值与其实际值比较一致,表明了消费偏好冲击是我国消费波动的主要来源。而图 3.6、图 3.7 和图 3.10 无法明确给出单个价格加成冲击、工资加成冲击以及货币供应量冲击具体影响哪个经济变量,一个可能的解释是这些冲击对经济变量的影响是综合性的,这在图 3.11 全部冲击均存在时的反事实仿真得到了证实。

由图 3.11 可以看出,全部 6 个外生冲击均存在时,反事实仿真得到的观测变量的拟合值与它们的实际值比较接近,特别是投资、消费、产出及通货膨胀的拟合值与其实际值基本一致,从而说明技术、投资调整成本、消费偏好、价格加成、工资加成以及货币供应量等 6 个外生冲击均存在的 DSGE 模型对我国的经济现实拟合较好,从而说明 DSGE 模型可以用来分析我国的经济问题。

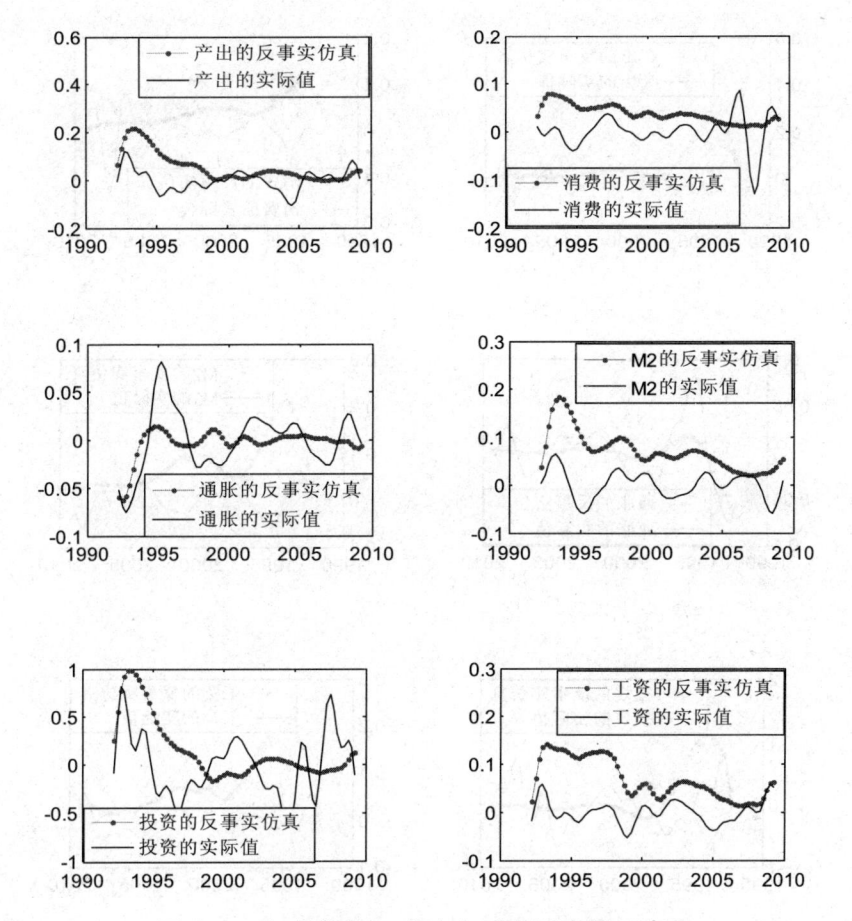

第 3 章 基于 DSGE 模型的货币供应量传导实证研究

图 3.6 仅有价格加成冲击时观测变量反事实仿真拟合值与实际值的比较

图 3.7　仅有工资加成冲击时观测变量反事实
仿真拟合值与实际值的比较

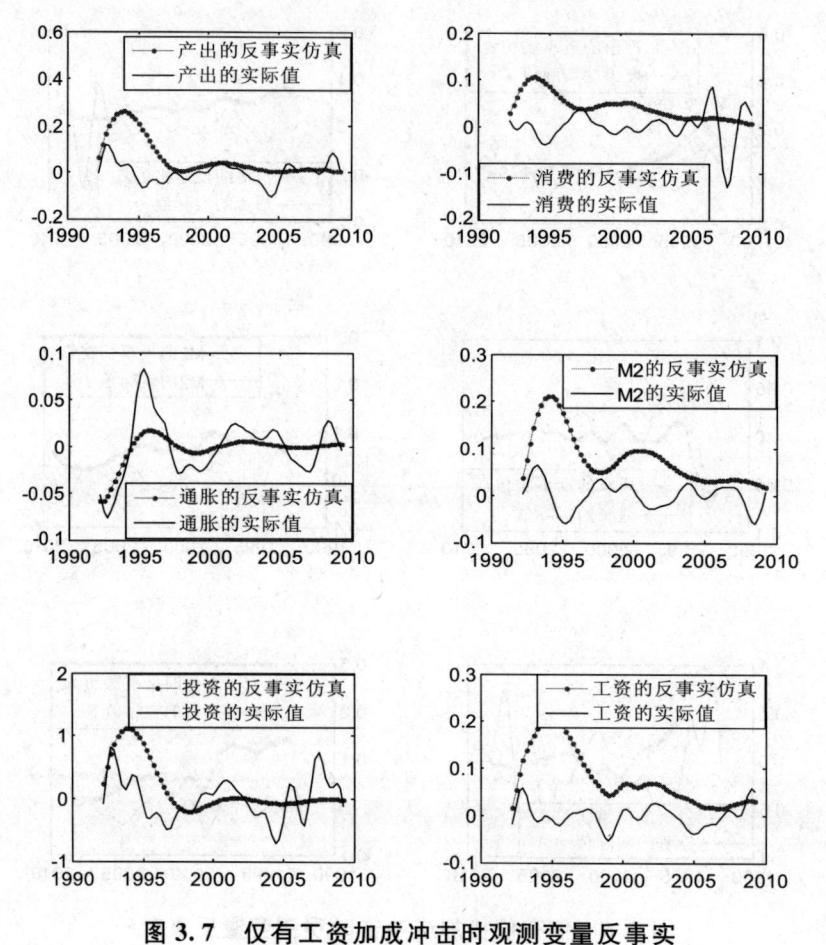

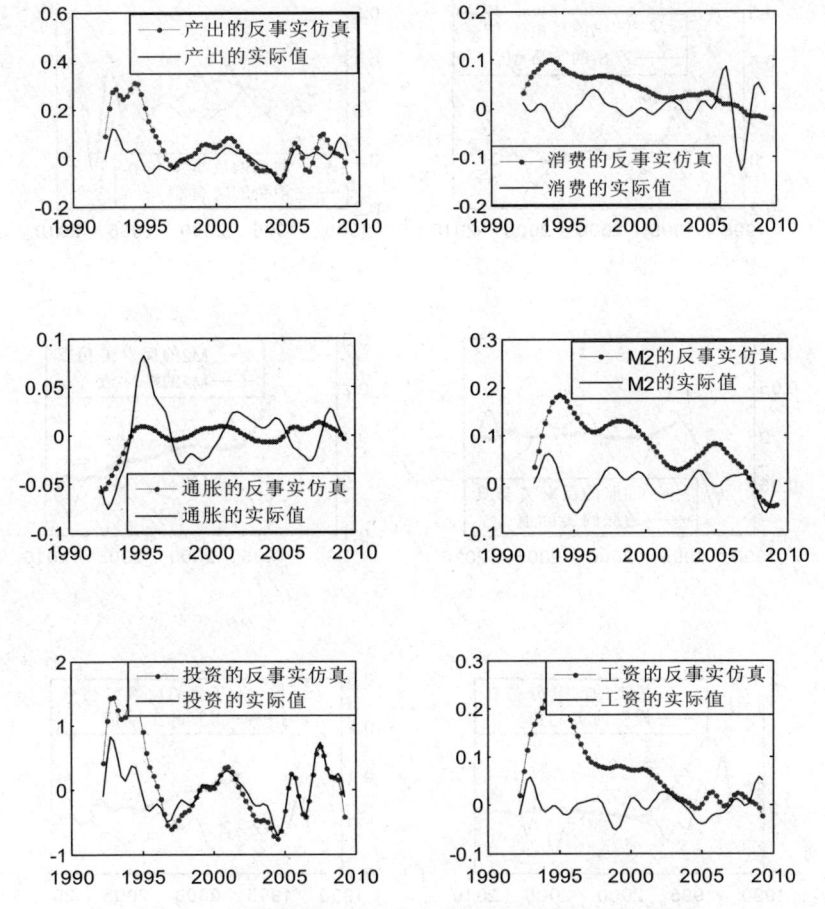

图 3.8 仅有投资调整成本冲击时观测变量反事实
仿真拟合值与实际值的比较

图 3.9 仅有消费偏好冲击时观测变量反事实仿真拟合值与实际值的比较

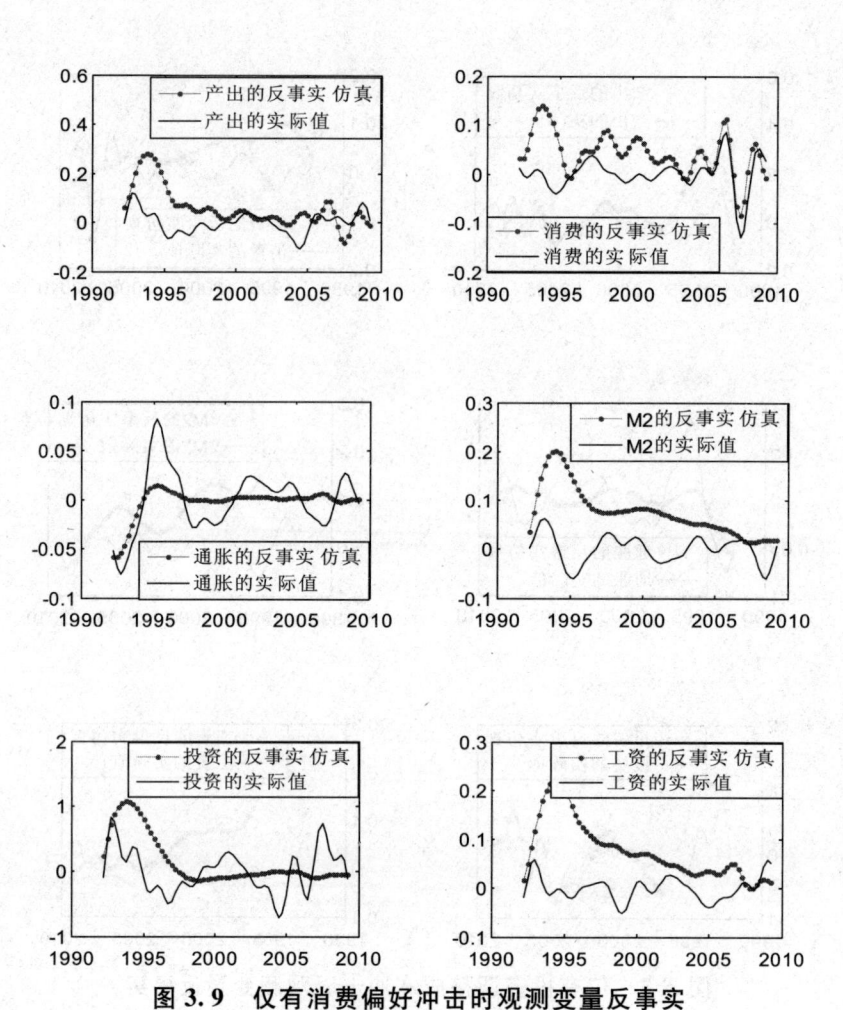

图 3.10 仅有货币供应量冲击时观测变量反事实仿真拟合值与实际值的比较

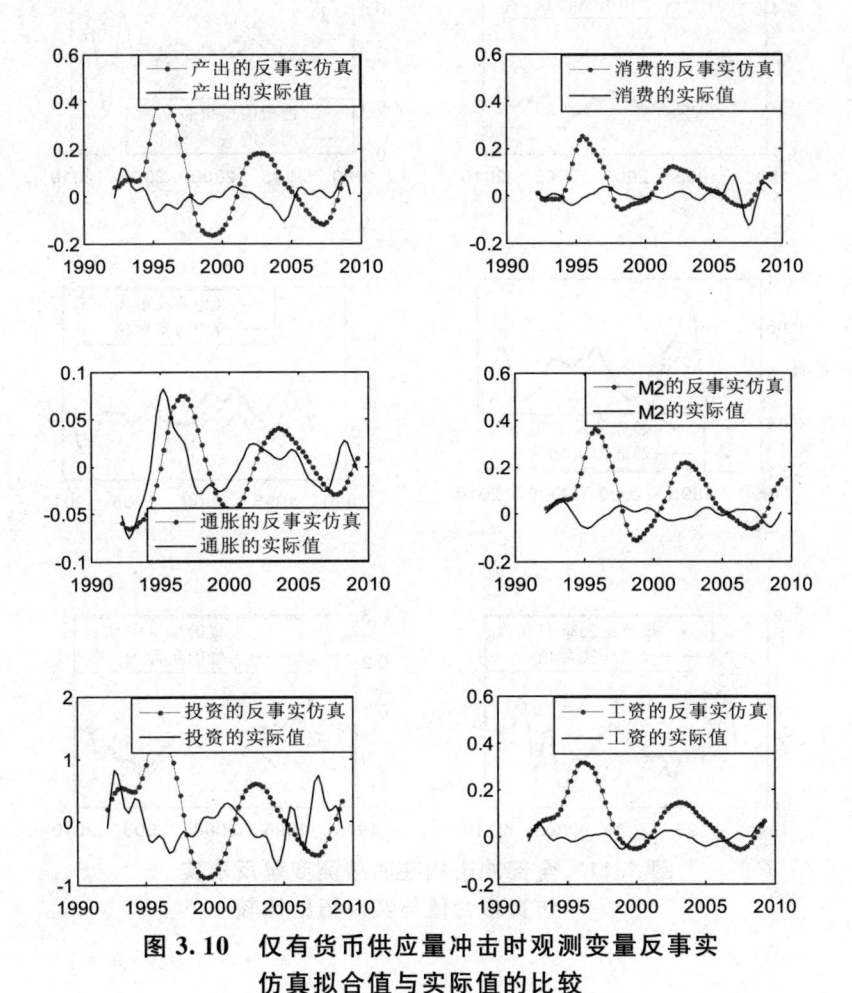

图 3.11 全部冲击均在时观测变量反事实
仿真拟合值与实际值的比较

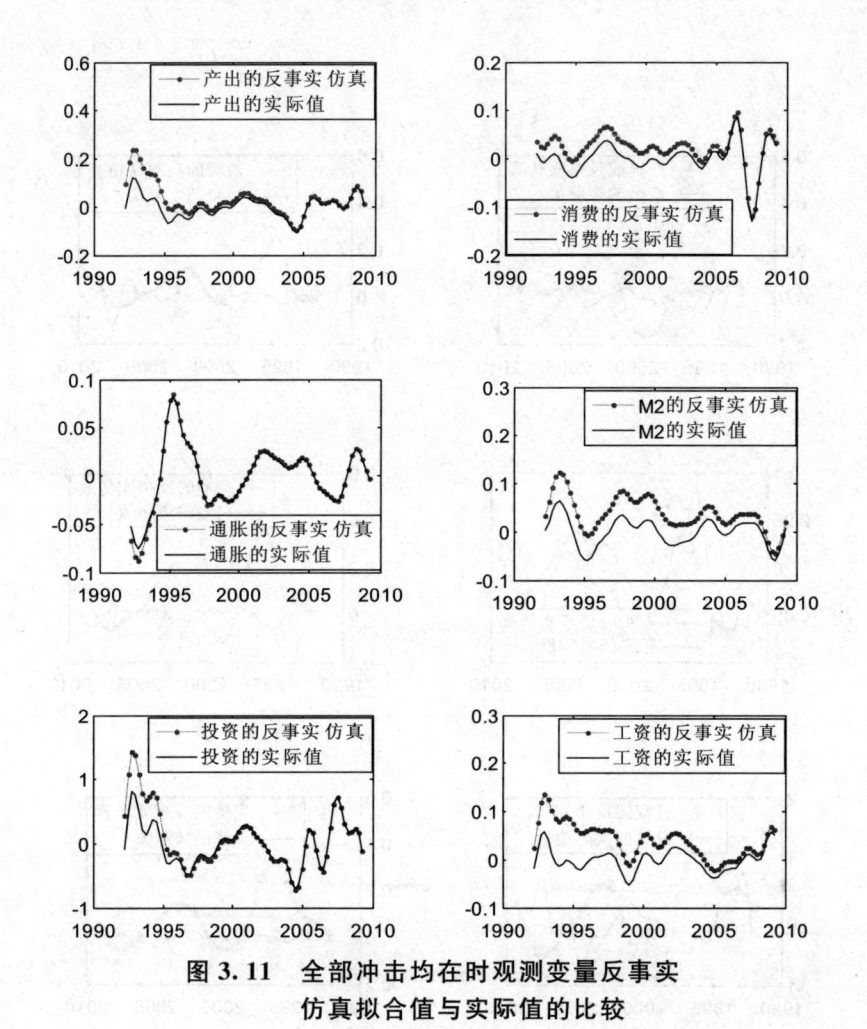

3.5 外生冲击传导的脉冲响应分析

本部分将根据上文所估计的 DSGE 模型运用脉冲响应分析货币供应量、投资调整成本、技术、消费偏好、价格加成、工资加成等6个外生冲击在不同名义粘性情形下是如何影响我国实际经济的。DSGE模型估计时,可以分离出单个外生冲击独自对各个经济变量的影响,因此,下文中变量对冲击的响应均是该变量对某个冲击的单独响应。为了比较不同粘性情形下货币供应量、技术等6个外生冲击的具体传导途径,则在上文所估计的模型结构参数的基础上,通过仿真可以得到单一粘性情形下的脉冲响应。具体地,分别给予两个名义粘性参数 ξ_w、ξ_p 以0值约束,而其他结构参数保持不变,从而通过仿真分别得到只有名义价格粘性和只有名义工资粘性时的脉冲响应。图3.12至图3.17均为一个标准误正向冲击的脉冲响应。

3.5.1 货币供应量冲击传导

图3.12为正的货币供应量冲击的脉冲响应。正的货币供应量冲击即扩张性货币政策导致产出、消费、投资、通货膨胀、劳动需求、实际货币余额、名义利率、资本投资价值、实际工资以及资本使用价格均上升。通货膨胀和名义利率均上升说明费雪效应存在。由于通货膨胀上升的幅度大于利率的上升幅度,这意味着家庭持有的金融资产债券的收益为负,因此家庭会将其收入更多的用于消费而非购买金融资产,由(3.34)式消费的欧拉方程可知消费增加;且冲击带来的资本投资价值上升导致投资增加(由(3.35)和(3.36)式可知);由(3.42)式可知,产出正向取决于消费和投资,因而增加货币供应量所带来的消费和投资的增加最终导致了产出的增加。此外,由(3.41)式可知,通货膨胀的上升是由实际工资和资本使用价格的上升所导致的。则货币供应量冲击的传导途径可概括为:正的货币供应量冲击→货币供应

量 $\begin{cases} 资本投资价值↑→投资↑ \\ 通货膨胀↑>利率↑→消费↑ \end{cases}$→产出↑。且由脉冲响应图可以看出,投资对货币供应量冲击的响应值远大于消费对该冲击的响应,这说明在货币供应量冲击的传导中投资发挥了主导作用。

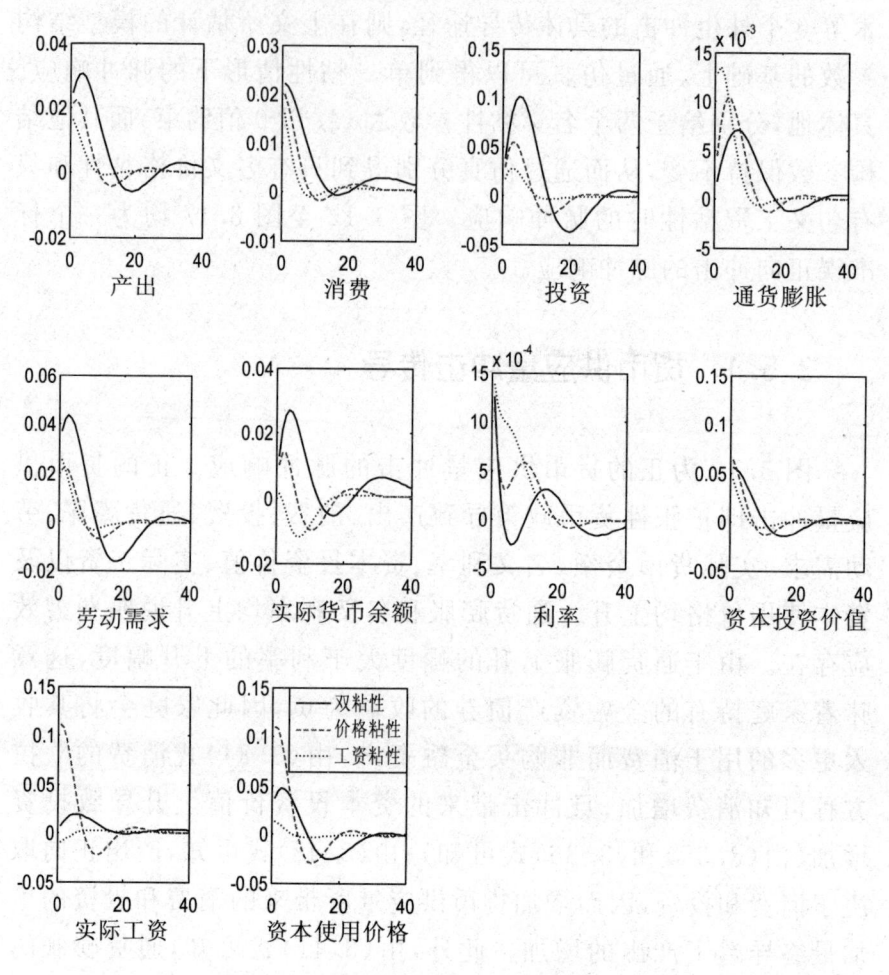

图 3.12 货币供应量冲击的脉冲响应

第3章 基于 DSGE 模型的货币供应量传导实证研究

由图 3.12 中脉冲响应的比较可知,与价格、工资均存在名义粘性的双粘性情形相比,在只有名义价格粘性和只有名义工资粘性时,产出、消费、投资、劳动需求、实际货币余额对冲击的响应较小,而通货膨胀上升较多。并且,在仅有名义价格粘性情形,货币供应量冲击的传导途径与双粘性情形一致,都是由投资发挥着主导作用;而在仅有名义工资粘性情形,投资和消费对货币政策冲击的响应相当,这说明投资和消费共同主导了仅有名义工资粘性情形下的货币政策的传导,这与双粘性情形下的货币政策传导途径不一致。

3.5.2 投资调整成本冲击传导

图 3.13 为正的投资调整成本冲击的脉冲响应。正的投资调整成本冲击即负的投资冲击,导致投资、产出、通货膨胀、名义利率、实际工资、资本使用价格下降,消费和实际货币余额先增加后下降,而资本投资价值上升。尽管资本投资价值上升,但由于投资调整成本冲击对投资的负向影响较大,从而投资是下降的(由(3.36)式可知);另一方面,名义利率下降意味着债券回报率下降,从而消费和实际货币余额增加(由(3.33)和(3.34)式可知);由脉冲响应图可以看出,投资的下降远大于消费的增加,因此产出下降。由(3.41)式可知,通货膨胀下降的原因在于实际工资和资本使用价格的下降。则投资调整成本冲击的传导途径可概括为:正的投资调整成本冲击→投资调整成本↑→$\begin{cases}投资↓\\利率↓→消费↓\end{cases}$→产出↓。简言之,投资在投资调整成本冲击的传导中发挥着主要作用。

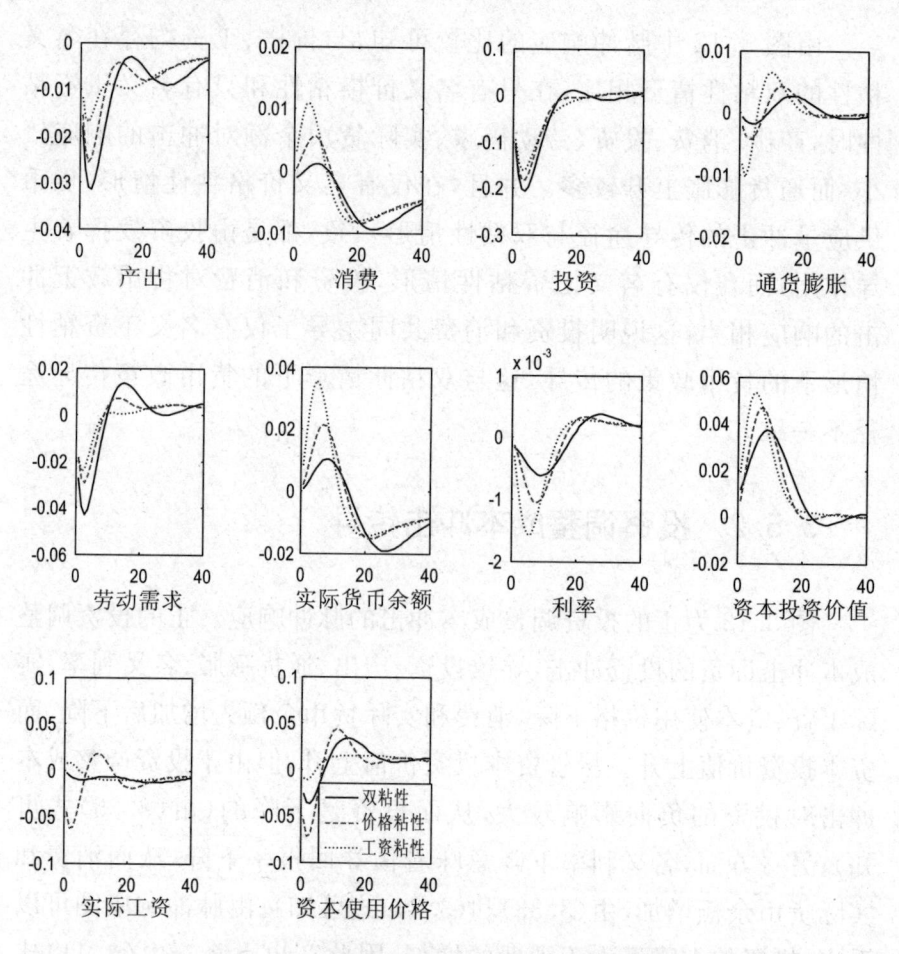

图 3.13 投资调整成本冲击的脉冲响应

由图 3.13 脉冲响应的比较可知,与双粘性情形相比,单一粘性,无论是价格粘性还是工资粘性,产出、投资、通胀对冲击的响应都较小,而消费对冲击的响应较大。并且,单一粘性情形下,投资调整成本冲击的传导途径与价格、工资均存在粘性的双粘性情形一致,投资主导了冲击的传导过程。

3.5.3 技术冲击传导

图 3.14 为正的技术冲击的脉冲响应。正的技术冲击导致产出、消费、投资、劳动需求、实际货币余额、实际工资、资本投资价值及资本使用价格上升,而通货膨胀和利率下降。名义利率下降,一方面,由(3.34)式消费的欧拉方程可知消费增加,另一方面,由(3.35)式可知,名义利率下降使资本投资价值增加,进而投资也增

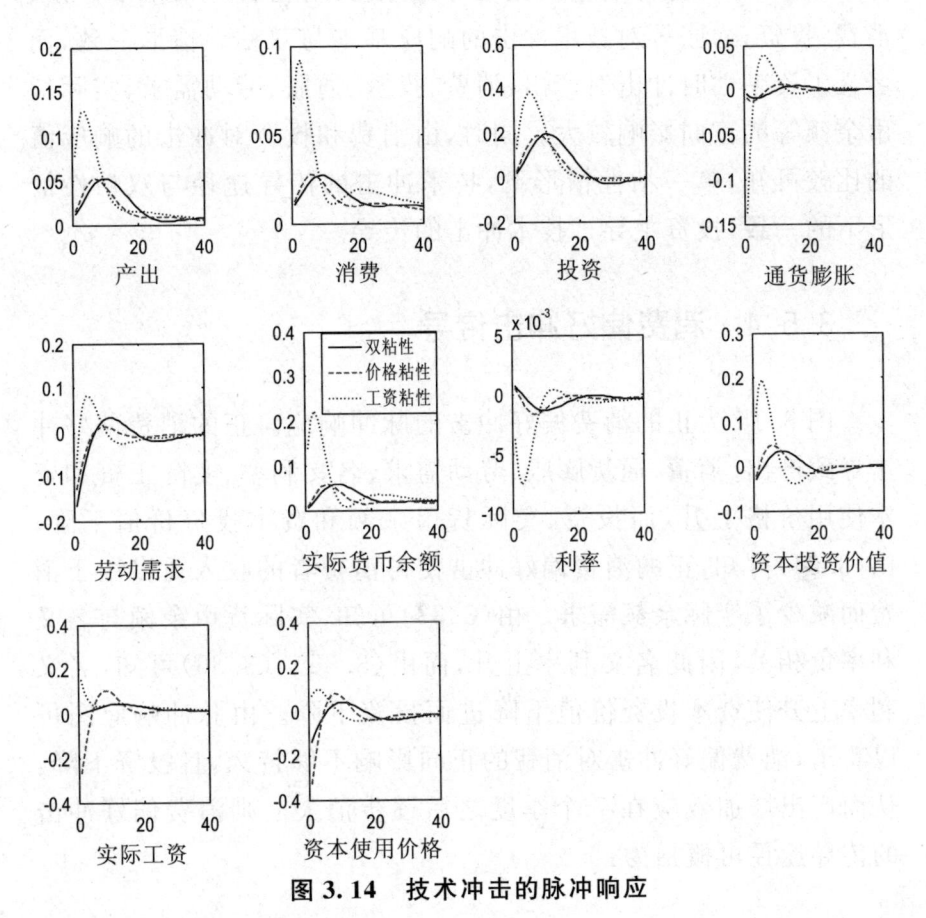

图 3.14 技术冲击的脉冲响应

加(由(3.36)式可知),因而产出增加。由(3.41)式可知,技术进步使通货膨胀下降,原因在于技术进步使厂商生产的边际成本下降。则技术冲击的传导途径可概括为:正向技术冲击→名义利率↓ { 资本投资价值↑→投资↑ ; 消费↑ } →产出↑。此外,由图中投资和消费的响应值的比较可知,投资在技术冲击的传导中发挥着较大的作用。

由图 3.14 脉冲响应的比较可知,名义价格粘性情形下产出、消费、投资、通胀等对技术冲击的响应基本与双粘性情形一致,而名义工资粘性时冲击对产出、消费、投资、通胀、劳动需求、实际货币余额等的正向影响较大。同时,由消费和投资对冲击的响应值的比较可知,单一粘性情形下,技术冲击的传导途径与双粘性情形下的一致,投资主导了技术冲击的传导。

3.5.4 消费偏好冲击传导

图 3.15 为正的消费偏好冲击的脉冲响应。正的消费偏好冲击导致产出、消费、通货膨胀、劳动需求、名义利率、实际工资和资本使用价格上升,而投资、实际货币余额和资本投资价值下降。由(3.34)可知,正的消费偏好冲击使得消费者的收入更多用于消费而减少了实际余额需求。由(3.33)可知,实际货币余额与名义利率负相关,因此名义利率上升,而由(3.35)、(3.36)可知,名义利率上升使资本投资价值下降进而投资下降。由脉冲响应图可以看出,消费偏好冲击对消费的正向影响不够持久,且投资下降,从而产出增加效应在 7 个季度之后逐步消失。则消费偏好冲击的传导途径可概括为:

第3章 基于 DSGE 模型的货币供应量传导实证研究

正的消费偏好冲击 → $\begin{Bmatrix} 名义利率 \uparrow \to 资本投资价值 \downarrow \to 投资 \downarrow \\ 消费 \uparrow \end{Bmatrix}$ → 产出先 ↑ 后 ↓。

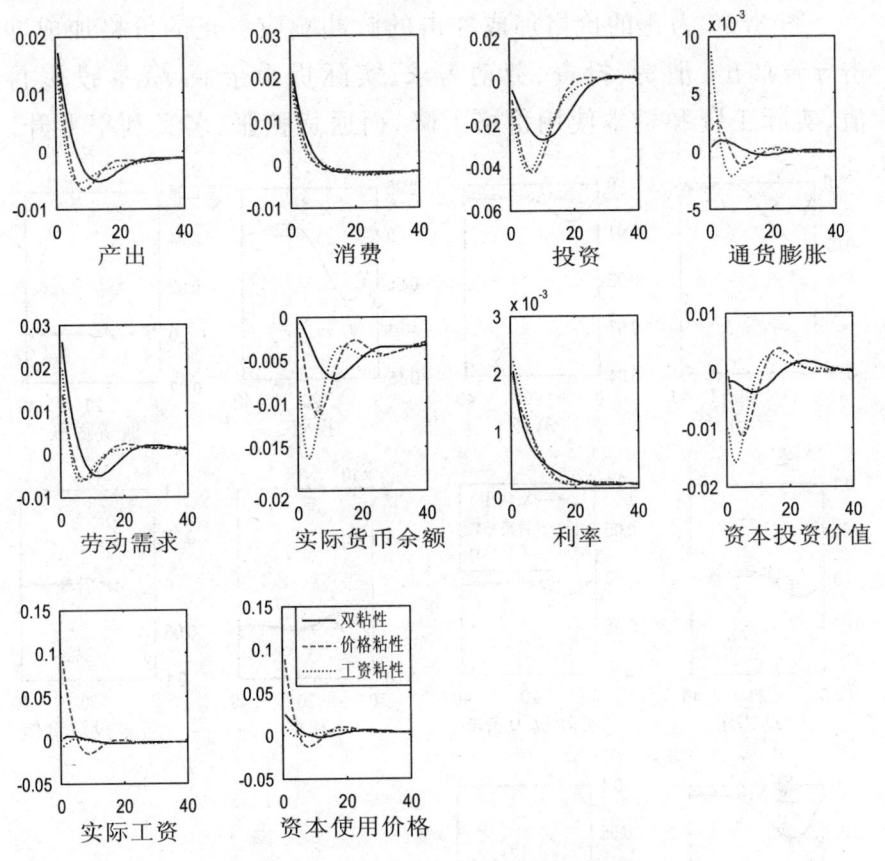

图 3.15　消费偏好冲击的脉冲响应

由图 3.15 脉冲响应的比较可知，单一粘性时，消费偏好冲击对消费的正向影响较小，对投资的负向影响较大，从而使产出的增加较少；而通货膨胀和实际货币余额对冲击的响应较大。并且，在只有单一粘性情形时，消费偏好冲击的传导途径没有发生变化。

3.5.5 价格加成冲击传导

图 3.16 为正的价格加成冲击的脉冲响应。正的价格加成冲击导致产出、消费、投资、劳动需求、实际货币余额、资本投资价值、实际工资和资本使用价格下降,而通货膨胀、名义利率上升。

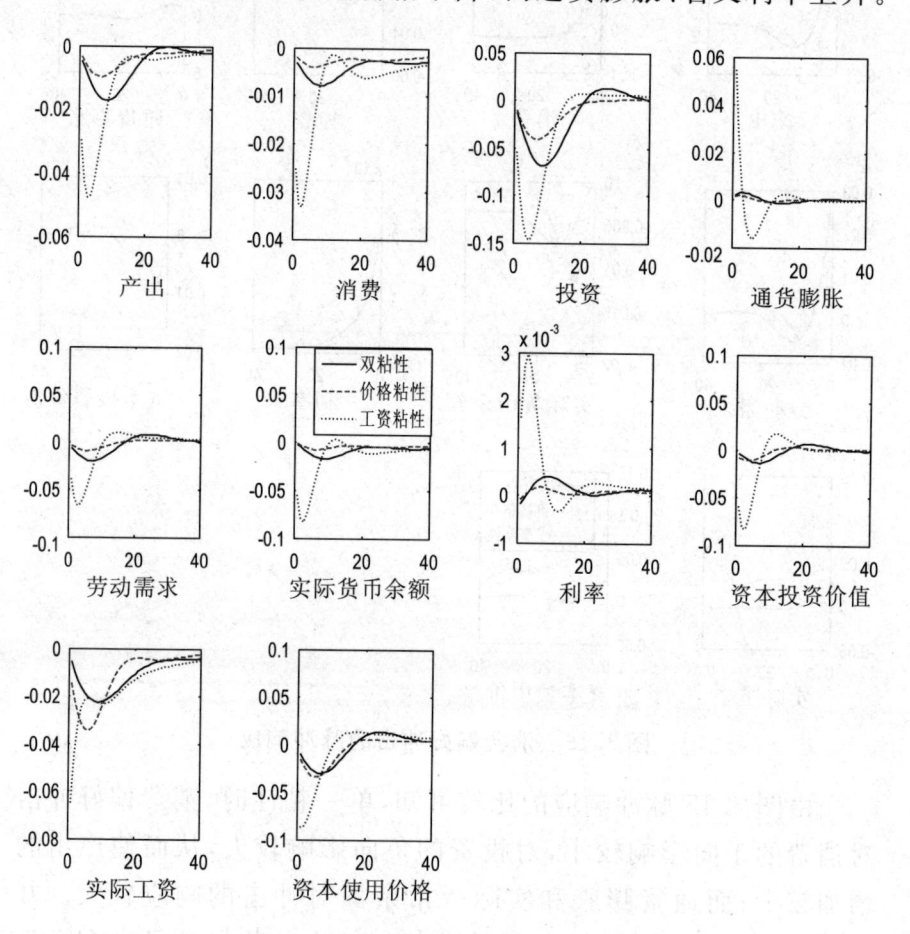

图 3.16 价格加成冲击的脉冲响应

第3章 基于DSGE模型的货币供应量传导实证研究

由(3.41)式可知,正向价格加成冲击导致通货膨胀上升。由于费雪效应,名义利率上升,这一方面使消费减少,另一方面使资本投资价值下降进而投资减少,并最终导致了产出的减少。则正向价格加成冲击的传导途径可概括为:正的价格加成冲击→通货膨胀↑→名义利率↑$\begin{cases}资本投资价值↓→投资↓\\消费↓\end{cases}$→产出↓。由消费和投资对冲击的响应值的比较可知,投资在价格加成冲击的传导中发挥着主导作用。

由图3.16脉冲响应的比较可知,与双粘性情形相比,名义价格粘性情形下产出、消费、投资、通胀等对冲击的响应较小,而名义工资粘性时冲击对经济的影响较大,产出等对冲击的响应较大。但与双粘性情形相比,单一粘性情形下,价格加成冲击的传导仍然是由投资起着主导作用的。

3.5.6 工资加成冲击传导

图3.17为正向工资加成冲击的脉冲响应。正的工资加成冲击导致产出、消费、投资、劳动需求、实际货币余额、资本投资价值下降,而通货膨胀、名义利率、实际工资和资本使用价格上升。由(3.40)可知,正向工资加成冲击使实际工资上升,进而通货膨胀上升(见(3.41)式)。名义利率上升一方面导致消费减少,另一方面导致资本投资价值下降进而投资减少,消费和投资的减少最终使产出减少。则价格加成冲击的传导途径可概括为:正的工资加成冲击→通货膨胀↑→名义利率↑$\begin{cases}资本投资价值↓→投资↓\\消费↓\end{cases}$→产出↓。同时,由消费、投资对冲击的响应值可以看出,投资主导了工资加成冲击的传导。

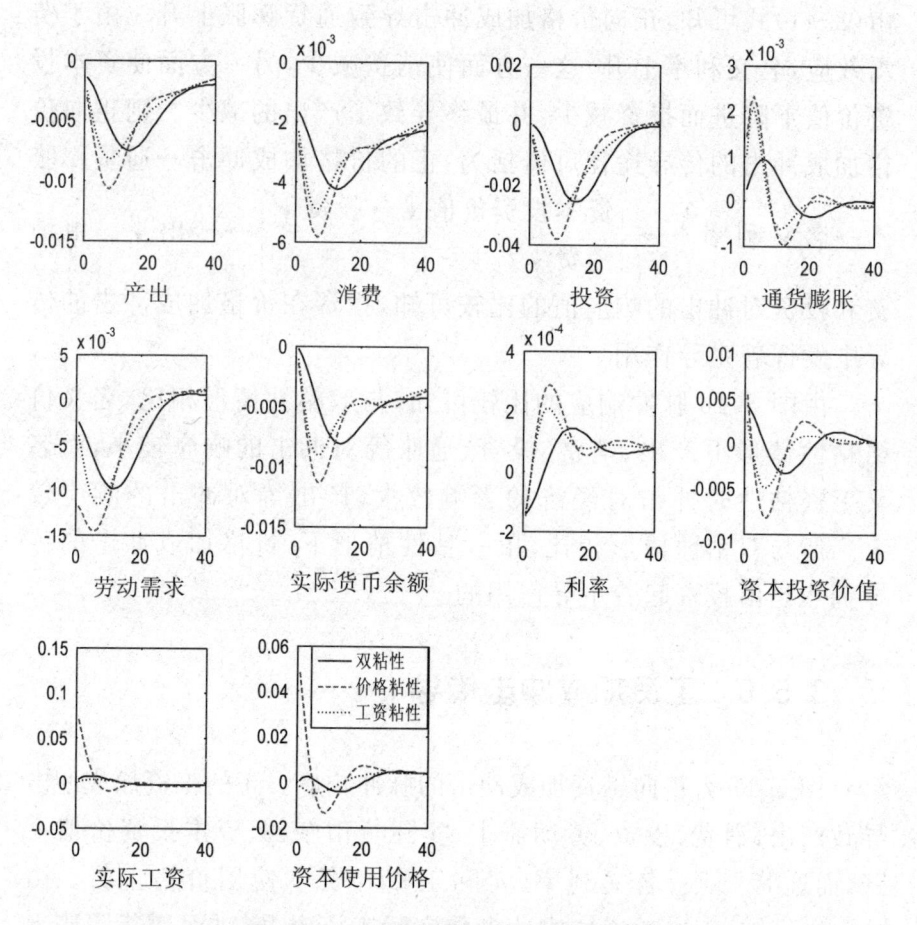

图 3.17 工资加成冲击的脉冲响应

由图 3.17 脉冲响应的比较可知,与双粘性情形相比,单一名义粘性情形下工资加成冲击对经济的负向影响较大,产出、消费、投资下降较多,而通货膨胀上升较大。但与双粘性情形相比,单一粘性情形下,投资仍然主导了工资加成冲击的传导。

3.6 结论

本章以新凯恩斯主义理论为基础,通过构建一个包含价格、工资名义粘性的动态随机一般均衡模型(DSGE),考察了货币供应量、消费偏好、技术、投资调整成本、价格加成、工资加成等6个外生冲击在我国经济中的传导。研究发现:

第一,由外生冲击的光滑估计以及基于反事实仿真的观测变量的拟合值与其实际值的比较可知,本章所构建的动态随机一般均衡模型对我国经济的刻画是比较符合实际的,从而说明运用DSGE模型来研究中国的货币政策传导是适用的。

第二,上文的脉冲响应中,投资对货币供应量冲击、投资调整成本冲击、技术冲击、价格加成冲击以及工资加成冲击的响应要远大于消费对各冲击的响应,这说明在我国经济中,货币政策等5个冲击的传导主要是通过投资而对产出产生影响的,消费对外生冲击的传导作用相对较小。该结论与我国现实是相符的,多年来我国经济增长主要来自于投资的增加,而消费需求往往不足。但在消费偏好冲击情形,消费对冲击的传导作用相对较大,因而产出增加,但由于投资对冲击的响应是负的,导致消费对拉动产出增加的效应并不持久,产出很快恢复到零值。

第三,与价格、工资均存在名义粘性的情形相比,尽管在单一粘性情形时经济对冲击的响应与双粘性情形并不一致,但是单一名义粘性基本不改变技术冲击、消费偏好冲击、投资调整成本冲击、价格加成冲击以及工资加成冲击的传导,即单一名义粘性情形下的冲击传导也主要是通过投资影响产出的,消费所起的作用相对较小。但是,在只有名义工资粘性情形,货币供应量冲击是由消费和投资共同传导的,而在价格、工资均存在名义粘性的情形,货币供应量冲击的传导是由投资主导的。

  本章研究的不足之处在于没有将金融市场、信贷等纳入分析的框架,因此所构建的 DSGE 模型还有待进一步拓展。下文的第 4 章和第 5 章即为本章 DSGE 模型的拓展,其中,第 4 章在本章的模型中加入消费习惯,并在修订的泰勒规则下考察利率等冲击的传导;而第 5 章不仅在本章的模型中加入消费习惯,还加入了信贷市场。

第 4 章 基于 DSGE 模型的利率传导实证研究

本章在第 3 章所构建的动态随机一般均衡模型(DSGE)的基础上,通过将外生消费习惯纳入模型的分析框架而拓展了模型。此外,本章关注利率冲击的传导,因此在 DSGE 模型货币政策板块假定了我国货币政策遵循修订的泰勒规则。与第 3 章一样,为了使本章所采用的 DSGE 模型能够更好地对现实经济进行拟合进而使本章对利率传导的研究更为准确和可信,本章在设定 DSGE 模型时,除了假定利率存在外生随机冲击外,还假定了经济中存在其他几种随机扰动,包括技术冲击、投资调整成本冲击、消费偏好冲击、工资加成冲击和价格加成冲击。

本章的结构安排如下:第 4.1 节引言部分简单回顾了关于利率传导研究的文献。第 4.2 节为基于新凯恩斯理论的动态随机一般均衡模型(DSGE)的构建,该模型是第 3 章模型的一个简单拓展。第 4.3 节为实证研究所采用的数据及其处理,以及极大似然方法的模型结构参数的估计。第 4.4 节将运用外生冲击的光滑估计及反事实仿真考察本章所构建的 DSGE 模型对现实经济的刻画能力。第 4.5 节在估计的模型参数的基础上,运用脉冲响应图结合 DSGE 模型中的行为方程对利率及其他几个外生冲击的传导进行分析。最后一节为本章的小结。

4.1 引言

自 1996 年,我国中央银行开始以货币供应量作为货币政策的中介目标。但近年来,这种数量型调控政策越来越暴露出监管成本高、漏洞多、扭曲市场行为、容易造成寻租等弊端,而且由于基础货币难以控制、货币创造乘数不稳定、我国货币流通速度的下降,货币供应量在可测性、可控性以及与最终目标的相关性上均出现背离,货币供应量在实现我国货币政策最终目标"保持货币币值的稳定,并以此促进经济增长"方面的中介作用受到越来越多的批评。如夏斌、廖强(2001)的研究就认为货币供应量已经不再适宜作为我国货币政策的中介目标。那么利率是否可以发挥我国货币政策中介目标的作用呢?如果可以,则利率是如何发挥其传导作用的呢?有鉴于此,本章在修订的泰勒规则下考察利率在我国经济中的传导。

国内外关于利率传导的研究较多。Taylor(1993)对美国、加拿大、德国、法国、日本、意大利、英国等 7 国进行了实证考察,他发现 7 国中的每一个国家,其固定资产投资都与实际利率成负相关关系,消费和存贷投资也对实际利率相当敏感。彭方平、王少平(2007)以新古典投资模型为框架,从微观的角度,利用动态面板数据模型,选取沪深两市 651 家上市公司作为截面单元,实证检验了我国货币政策的微观有效性问题。研究表明,中国货币政策通过改变政策利率以及影响国债到期收益率等,影响资本使用成本,从而影响公司的投资行为,说明了我国货币政策利率传导渠道是有效的。周英章、蒋振声(2002),刘军(2006)等的研究也

第4章 基于DSGE模型的利率传导实证研究

认为我国货币政策利率传导渠道存在,利率对实际经济有着切实的影响。然而,由于研究方法以及所采用数据的差异,学者们的研究结论并不一致。宋芳秀(2008)对制造业上市公司的实证研究认为利率对投资的作用机制传导不畅,我国货币政策的利率传导渠道不存在。王召(2001)的研究发现利率对投资的反向刺激作用非常微弱,从而利率传导的作用不明显。

与上述研究不同,本章的研究是在一个结构化的模型中进行的,因为本章所构建的动态随机一般均衡模型(DSGE)有着坚实的微观经济理论基础、采用动态优化的方法推导行为方程,本质上属于结构模型。结构化的模型有助于我们分析利率的具体传导途径,消费和投资者在利率的传导中发挥主导作用。此外,本章的研究不仅关注利率在我国货币政策传导中的作用,还考察了利率在技术、投资调整成本、消费偏好、价格加成以及工资加成等5个外生冲击传导中的作用。

4.2 动态随机一般均衡模型(DSGE)的构建

本章的模型主要采取了CEE(2003)、Smets&Wouters(2003)和Ireland(1997)的形式,但与CEE(2003)不同的是,本书完全指数化名义粘性工资和价格,货币政策采用修订的泰勒规则而非货币供应量规则;与Ireland(1997)模型不同的是本书将粘性名义工资及投资调整成本纳入了模型框架,且本书采用Calvo(1983)的"价格调整信号"引入名义粘性,而Ireland(1997)是通过用价格调整成本引入名义价格粘性的。[①] 本书的模型包含了4个经济主

---

① 用价格调整成本引入名义价格粘性的文献还有Rotemberg(1982)、Dib(2001)。

体:代表性家庭、代表性最终产品厂商、代表性中间产品厂商,以及货币政策机构——中央银行。

在每一期 $t=0,1,2,\cdots$,代表性家庭 $j(j\in(0,1))$ 从最终产品厂商那里购买商品,并将劳动和资本供给给中间产品生产商。由于每个家庭供给的劳动是有差别的,从而家庭是其劳动供给价格即工资的决定者。而资本则在完全竞争市场上供给。

最终产品厂商从中间产品厂商购买连续的中间产品,并将其作为投入要素以生产最终产品。最终产品市场是完全竞争的,因此,最终产品的价格取决于市场供求。

代表性中间产品厂商 $i(i\in(0,1))$ 使用从代表性家庭购买的劳动和资本生产中间产品 i。由于中间产品 i 在最终产品生产中并不是完全替代的,从而中间产品市场是垄断竞争的,代表性中间产品厂商 i 是商品 i 的价格决定者。

此外,货币政策当局——中央银行以利率作为货币政策的中介目标,货币政策遵循修订的泰勒规则,即利率对产出、通货膨胀以及上一期利率响应。

4.2.1 代表性家庭的效用最大化行为

假定经济中具有无限寿命的代表性家庭是连续的,用 j 表示,$j\in(0,1)$。在每一期 $t=0,1,2,\cdots\cdots$,代表性家庭 j 需作出一系列决策以最大化其一生的效用。这些决策包括:消费决定、资本积累决定、投资决定、工资决定即劳动供给决定,以及资产持有决定(金融资产中,债券和现金各持有多少)。本书假定家庭在消费和资产持有方面是同质的,而在工资决定即劳动供给方面是异

第 4 章 基于 DSGE 模型的利率传导实证研究

质的[①]。

代表性家庭 j 的效用函数为：

$$E_0 \sum_{t=0}^{\infty} \beta^t \left\{ b_t \left[\frac{\sigma}{\sigma-1}(C_t - hC_{t-1})^{\frac{\sigma-1}{\sigma}} + \frac{\gamma}{\gamma-1}\left(\frac{M_t}{P_t}\right)^{\frac{\gamma-1}{\gamma}} - \frac{\varphi}{\varphi+1}N_t^{\frac{\varphi+1}{\varphi}} \right] \right\}$$
(4.1)

$\beta \in (0,1)$ 为家庭的随机贴现因子，(4.1)式说明代表性家庭最大化的是其一生效用的现值。与第三章中家庭的效用函数不同，此处的效用函数中包含了消费习惯形成 h，由此下文的消费的欧拉方程就不再是传统的前瞻性的欧拉方程，消费不仅与未来消费相关，而且还受上一期消费的影响。参数 σ、γ、φ、h 均大于 0，其中 σ 为消费的跨期替代弹性，γ 为货币需求的利率弹性，φ 为家庭的劳动供给弹性，h 为消费习惯形成；消费偏好冲击 b_t 为 $AR(1)$ 过程：

$$\ln b_t = (1-\rho_b)\ln b + \rho_b \ln b_{t-1} + \eta_t^b$$
(4.2)

其中 $\rho_b \in (-1,1)$，b 为稳态时的消费偏好，η_t^b 是具有 0 均值、标准误为 σ_b 的 $i.i.d.$ 正态分布。家庭在最大化其一生效用时受到的跨期预算约束为：

$$P_t(C_t + I_t) + \frac{1}{R_t}B_t + M_t \leqslant M_{t-1} + B_{t-1} + W_t N_t +$$
$$Div_t + R_t^k u_t K_t - P_t f(u_t) K_t + T_t$$
(4.3)

其中，消费 C_t、劳动供给 N_t、投资 I_t、资本 K_t 均为实际变量；B_t 为家庭在 t 期以价格 $1/R_t$ 购买的一次性（one-period）债券的数量，

[①] Erceg，Henderson & Levin(2000)通过引入一次性(one-period)债券保证了均衡时家庭在消费和资产持有方面是同质的。

R_t 为名义的债券总收益率;B_{t-1} 为家庭 $t-1$ 期购买的债券在 t 期初的本息和;T_t 为中央银行给予家庭的一次性转移支付;M_{t-1}、K_t 分别为家庭在进入 t 期时持有的现金和资本;M_t 为 t 期末持有的现金,W_t 为名义工资;Div_t 为家庭从中间产品厂商那里获得的红利;R_t^k 为名义的资本使用价格,u_t 为资本利用率,$p_t f(u_t) K_t$ 为名义资本使用成本,从而净资本出租回报为 $R_t^k u_t K_t - P_t f(u_t) K_t$,即资本出租回报不仅取决于出租的资本量,还取决于资本利用率 u_t。根据 CEE(2003),本书假定稳态时资本利用率 $u_t = 1$,资本使用成本 $f(1) = 0$。

家庭 j 的资本积累方程为:

$$K_{t+1} = (1-\delta)K_t + \left(1 - S\left(\frac{z_t I_t}{I_{t-1}}\right)\right) I_t$$

(4.4)

其中,δ 为资本折旧率,$S(\cdot)$ 为投资调整成本,且是投资变化的增函数。根据 CEE(2003)、Smets & Wouters(2003),本书假定稳态时 $S(\cdot) = S'(\cdot) = 0$,从而投资调整成本仅取决于 $S(\cdot)$ 的二阶导数。投资调整成本冲击 z_t 为 $AR(1)$ 过程:

$$\ln z_t = (1-\rho_z)\ln z + \rho_z \ln z_{t-1} + \eta_t^z$$

(4.5)

其中,$\rho_z \in (-1, 1)$,η_t^z 是具有 0 均值、标准误为 σ_z 的 $i.i.d.$ 正态分布。

在(4.3)、(4.4)的约束下,代表性家庭 j 通过决定 C_t、M_t/P_t、B_t、K_t、u_t、I_t 的数量以最大化其效用函数(4.1),构建的拉格朗日函数如下:

第 4 章 基于 DSGE 模型的利率传导实证研究

$$L = E_t \sum_{t=0}^{\infty} \beta \left\{ b_t \left[\frac{\sigma}{\sigma-1}(C_t - hC_{t-1})^{\frac{\sigma-1}{\sigma}} + \frac{\gamma}{\gamma-1}\left(\frac{M_t}{P_t}\right)^{\frac{\gamma-1}{\gamma}} - \frac{\varphi}{\varphi+1}N_t^{\frac{\varphi+1}{\varphi}} \right] \right\}$$
$$+ \beta\lambda_t [M_{t-1} + B_{t-1} + W_t N_t + Div_t + R_t^k u_t K_t - P_t f(u_t)K_t + T_t]$$
$$+ \beta\lambda_t \Big[-P_t(C_t + I_t) - \frac{1}{R_t}B_t - M_t + P_t Q_t \cdot$$
$$\left[(1-\delta)K_t + \left(1 - S\left(\frac{z_t I_t}{I_{t-1}}\right)\right) I_t - K_{t+1} \right] \Big]$$

则由一阶条件可得：

$$b_t(C_t - hC_{t-1})^{-\frac{1}{\sigma}} - \lambda_t P_t = 0 \tag{4.6}$$

$$b_t\left(\frac{M_t}{P_t}\right)^{-\frac{1}{\gamma}} + \beta P_t E_t\{\lambda_{t+1}\} - \lambda_t P_t = 0 \tag{4.7}$$

$$\beta E_t\{\lambda_{t+1}\} - \lambda_t \frac{1}{R_t} = 0 \tag{4.8}$$

$$\beta E_t\{\lambda_{t+1}(R_{t+1}^k u_{t+1} - f(u_{t+1}) + P_{t+1}Q_{t+1}(1-\delta))\} - \lambda_t P_t Q_t = 0 \tag{4.9}$$

$$R_t^k = P_t f'(u_t) \tag{4.10}$$

$$Q_t\left(1 - S\left(\frac{z_t I_t}{I_{t-1}}\right)\right) = 1 + Q_t S'\left(\frac{z_t I_t}{I_{t-1}}\right)\frac{z_t I_t}{I_{t-1}}$$
$$- \beta E_t\left\{Q_{t+1}\frac{\lambda_{t+1}}{\lambda_t}\frac{P_{t+1}}{P_t}S'\left(\frac{z_{t+1}I_{t+1}}{I_t}\right)\frac{z_{t+1}I_{t+1}}{I_t}\frac{I_{t+1}}{I_t}\right\} \tag{4.11}$$

其中，λ_t 为预算约束(4.3)式的拉格朗日乘子，其含义为消费的边际效用；Q_t 为(4.4)式的拉格朗日乘子，其含义为资本投资价值。

此外,由于不同家庭提供的劳动是有差别的,从而劳动市场是垄断竞争的,家庭在劳动市场上是其所提供的劳动的价格决定者。与 Kollmann(1997)、CEE(2003)以及 Smets & Wouters(2003)一样,本书也采取 Calvo(1983)的方式引入粘性名义工资,即假定只有当家庭接收到随机的"工资调整信号"时,家庭才可以将其名义工资调整到最优。每一期家庭接收到"工资调整信号"的概率是常数,为 $1-\xi_w$,接收到调整信号的家庭 j 在 t 期将其最优名义工资制定为 W_t^*。此外,没有接收到"工资调整信号"的家庭则按照上一期的通货膨胀($\pi_t = P_t/P_{t-1}$)调整其名义工资,即:

$$W_t(j) = \pi_{t-1} W_{t-1}(j)$$

(4.12)

为得到家庭的最优工资 W_t^* 的决定方程,假定经济中存在一个中间劳动雇佣者,它从家庭购买不同种类的劳动,然后打包卖给中间产品生产商。该中间劳动雇佣者通过决定每种劳动 j 的最优购买数量以最大化其利润:

$$\Pi_t = W_t N_t - \int_0^1 W_t(j) N_t(j) \mathrm{d}j$$

(4.13)

其中,$N_t(j)$ 为第 j 种劳动的需求数量,$W_t(j)$ 为其价格,W_t 为总的工资水平。中间劳动雇佣者的总劳动需求为:

$$N_t = \left(\int_0^1 N_t(j)^{\frac{\theta_t^w - 1}{\theta_t^w}} \mathrm{d}j\right)^{\frac{\theta_t^w}{\theta_t^w - 1}}$$

(4.14)

其中,θ_t^w 为随时间而变化的劳动需求的工资弹性。则由中间劳动雇佣者利润最大化的一阶条件得到:

第4章 基于DSGE模型的利率传导实证研究

$$N_t(j) = \left(\frac{W_t(j)}{W_t}\right)^{-\theta_t^w} N_t$$

(4.15)

$$W_t = \left[\int_0^1 W_t(j)^{1-\theta_t^w} dj\right]^{\frac{1}{1-\theta_t^w}}$$
$$= \left[\xi_w(\pi_{t-1}W_{t-1})^{1-\theta_t^w} + (1-\xi_w)W_t^{*\,1-\theta_t^w}\right]^{\frac{1}{1-\theta_t^w}}$$

(4.16)

假定代表性家庭 j 在 t 期制定最优工资 W_t^* 之后没有再收到工资调整信号,则其 $t+k$ 期的工资为 $W_{t+k} = X_{tk} W_t^*$,其中 $X_{tk} = \begin{cases} \pi_t \pi_{t+1} \cdots \pi_{t+k-1} & k \geq 1 \\ 1 & k=0 \end{cases}$(由(4.12)式得到)。在(4.3)式和(4.15)式的约束下,代表性家庭 j 选择最优工资 W_t^* 最大化其 $(t, t+k)$ 期之间的效用的现值之和:

$$\max E_t \sum_{k=0}^{\infty} (\beta \xi_w)^k U\left(C_{t+k/t}, \frac{M_{t+k/t}}{P_{t+k/t}}, N_{t+k/t}\right)$$

(4.17)

由一阶条件得到:

$$\sum_{k=0}^{\infty} (\beta \xi_w)^k E_t \left\{ N_{t+k} U_c \left(\frac{W_t^*}{P_{t+k}} X_{tk} + \mu_{t+k}^w \frac{U_n}{U_c}\right)\right\} = 0$$

(4.18)

其中,$U_n = -b_{t+k} N_{t+k}^{\frac{1}{\varphi}}$,$U_c = b_{t+k}(C_{t+k} - hC_{t+k-1})^{-\frac{1}{\sigma}}$。工资加成冲击 $\mu_{t+k}^w = \frac{\theta_{t+k}^w}{\theta_{t+k}^w - 1}$,为 $AR(1)$ 过程:

$$\ln\mu_t^w = (1-\rho_{\mu^w})\ln\mu^w + \rho_{\mu^w}\ln\mu_{t-1}^w + \eta_t^{\mu^w}$$

(4.19)

其中,$\rho_{\mu^w} \in (-1,1)$,μ^w 为稳态时的工资加成比例,$\eta_t^{\mu^w}$ 是具有 0 均值、标准误为 σ_{μ^w} 的 $i.i.d.$ 正态分布。

4.2.2 厂商的利润最大化行为

1) 最终产品厂商的利润最大化

最终产品市场是完全竞争的,厂商使用连续的中间产品 $Y_t(i)(i \in (0,1))$ 生产唯一的最终产品 Y_t。最终产品厂商采用如下常替代弹性的生产技术:

$$Y_t = \left(\int_0^1 Y_t(i)^{\frac{\theta_t^p - 1}{\theta_t^p}} di \right)^{\frac{\theta_t^p}{\theta_t^p - 1}}$$

(4.20)

其中,θ_t^p 为可变的需求弹性。由于市场是完全竞争的,最终产品厂商将其生产的产品价格 P_t 与投入中间品价格 $P_t(i)$ 视为给定。最终产品厂商在上式生产技术的约束下最大化其利润:

$$P_t Y_t - \int_0^1 P_t(i) Y_t(i) di$$

则由一阶条件得到最终产品厂商对第 i 种中间投入产品的需求为:

$$Y_t(i) = \left(\frac{P_t(i)}{P_t} \right)^{-\theta_t^p} Y_t$$

(4.21)

将(4.21)式代入(4.20)式得到最终产品价格 P_t 与中间产品价格 $P_t(i)$ 之间的关系为:

$$P_t = \left[\int_0^1 P_t(i)^{1-\theta_t^p} di \right]^{\frac{1}{1-\theta_t^p}}$$

(4.22)

2) 中间产品厂商的利润最大化

中间产品 $i \in (0,1)$ 在垄断竞争市场生产,厂商的生产函数为:

$$Y_t(i) \leqslant A_t \widetilde{K}_t(i)^\alpha N_t(i)^{1-\alpha}$$

(4.23)

其中,有效资本 $\widetilde{K}_t(i) = u_t K_t(i)$,$N_t(i)$ 是投入的劳动数量,为(4.14)式所给出的所有 j 种劳动的组合,技术冲击 A_t 为 $AR(1)$ 过程:

$$\ln A_t = (1-\rho_a)\ln A + \rho_a \ln A_{t-1} + \eta_t^a$$

(4.24)

其中 $\rho_a \in (-1,1)$,A 为稳态时的技术水平,等于 1,η_t^a 是具有 0 均值、标准误为 σ_a 的 $i.i.d.$ 正态分布。

中间产品厂商的实际边际成本为:

$$MC_t = \frac{1}{A_t}(r_t^k)^\alpha w_t^{1-\alpha} \alpha^{-\alpha}(1-\alpha)^{\alpha-1}$$

(4.25)

其中,实际资本使用价格 $r_t^k = R_t^k/P_t$,实际工资 $w_t = W_t/P_t$。结合 (4.25) 和 $MC_t = \frac{w_t}{MPN_t} = \frac{w_t}{(1-\alpha)A_t(u_t K_t)^\alpha N_t(i)^{-\alpha}}$($MPN_t$ 为投入要素劳动的边际产出,即为生产函数(4.23)式对劳动 N_t 的偏导)得到劳动需求方程:

$$N_t(i) = (1-\alpha)\alpha^{-1} r_t^k u_t K_t w_t^{-1}$$

(4.26)

此处再次假定中间厂商定价时采用 Calvo(1983) 的机制,即每一期,厂商将其产品名义价格调整为最优价格 P_t^* 的概率为 $1-\xi_p$。这种价格调整能力不依赖于厂商或时间,而取决于厂商

是否接收到了"价格调整信号"。当厂商不制定最优价格时,其产品价格按照过去的通货膨胀调整,即:

$$P_t(i) = \pi_{t-1} P_{t-1}(i)$$
(4.27)

t 期制定最优价格的厂商选择最优价格 P_t^* 最大化其在 $(t, t+k)$ 之间利润的现值之和:

$$\max E_t \sum_{k=0}^{\infty} \xi_p^k \zeta_{t,t+k} (P_t^* X_{tk} - P_{t+k}(i) MC_{t+k}) Y_{t+k}(i)$$
(4.28)

其中,随机贴现因子 $\zeta_{t,t+k} = \beta^k \frac{\lambda_{t+k}}{\lambda_t}$,稳态时,$\zeta_{t,t+k} = \beta^k$。则由利润最大化得到一阶条件:

$$\sum_{k=0}^{\infty} \xi_p^k E_t \left\{ \zeta_{t,t+k} Y_{t+k}(i) \left(\frac{P_{t+k-1}}{P_{t-1}} P_t^* - \mu_{t+k}^p P_{t+k}(i) MC_{t+k} \right) \right\} = 0$$
(4.29)

其中,工资加成冲击 $\mu_{t+k}^p = \frac{\theta_{t+k}^p}{\theta_{t+k}^p - 1}$,为 $AR(1)$ 过程:

$$\ln \mu_t^p = (1 - \rho_{\mu^p}) \ln \mu^p + \rho_{\mu^p} \ln \mu_{t-1}^p + \eta_t^{\mu^p}$$
(4.30)

其中,$\rho_{\mu^p} \in (-1, 1)$,μ^p 为稳态时的价格加成比例,$\eta_t^{\mu^p}$ 是具有 0 均值、标准误为 σ_{μ^p} 的 $i.i.d.$ 正态分布。

4.2.3 对称均衡与对数线性化模型

对称均衡时,对于 $t = 0, 1, 2, \cdots\cdots$,所有家庭的决策是一致的:制定相同的最优工资,积累同样的资本,持有相同的金融资产等。

第 4 章 基于 DSGE 模型的利率传导实证研究

同时,所有厂商的决策也是相同的,则有 $P_t(i) = P_t, Y_t(i) = Y_t$, $N_t(i) = N_t, K_t(i) = K_t$,且厂商获得同等的零利润。此外,市场均衡要求对于任何 $t = 0, 1, 2, \cdots\cdots, B_t = B_{t-1} = 0$ 和 $M_t = M_{t-1} + T_t$,从而由预算约束(4.3)得到总资源约束方程:

$$Y_t = C_t + I_t$$

(4.31)

稳态时,对于任何 $t = 0, 1, 2, \cdots\cdots$,所有的变量均为常数,即 $Y_t = Y, C_t = C, N_t = N, M_t = M, K_t = K, I_t = I, P_t = P, R_t^k = R^k$, $\pi_t = \pi = 1, A_t = A = 1, \mu_t^p = \mu^p, \mu_t^w = \mu^w, b_t = b, z_t = z$。相应地,定义 $\hat{x}_t = \ln(X_t/X)$ 为变量 X_t 对其稳态值 X 对数偏离,则对数线性化形式的模型如下:

由(4.6)式、(4.7)式和(4.8)式得到货币需求方程:

$$-\frac{1}{\gamma}\hat{m}_t + \frac{1}{\sigma(1-h)}(\hat{c}_t - h\hat{c}_{t-1}) = \frac{\beta}{1-\beta}\hat{r}_t$$

(4.32)

(4.32)式说明货币需求与利率成反方向变化,即当利率下降时,出于投机性需要,货币需求增加;而与当期消费同方向变化。这说明随着经济状况的改善(即总产出增加进而居民的收入增加),出于交易性需要,货币需求是增加的。

消费的欧拉方程,则由(4.6)式和(4.8)式得到:

$$\hat{c}_t = \frac{1}{1+h}E_t\{\hat{c}_{t+1}\} + \frac{h}{1+h}\hat{c}_{t-1} + \frac{\sigma(1-h)}{1+h}$$
$$(-\hat{r}_t + E_t\{\hat{\pi}_{t+1}\} - E_t\{\hat{b}_{t+1} - \hat{b}\})$$

(4.33)

当 $h = 0$ 时,上式即转化为传统的前瞻性的消费方程。外生消费习惯形成的存在,使得当期消费取决于过去和未来消费的加权平均,同时还受到外生的消费偏好冲击的影响。

资本投资价值方程由(4.6)式、(4.9)式和(4.10)式得到:

$$\hat{q}_t = \beta(1-\delta)E_t\{\hat{q}_{t+1}\} - \hat{r}_t + E_t\{\hat{\pi}_{t+1}\} + (1-\beta(1-\delta))E_t\{\hat{r}^k_{t+1}\}$$
(4.34)

(4.34)式说明资本投资价值与利率负相关,与预期通货膨胀率以及未来资本使用价格正相关。

投资方程由(4.11)式得到:

$$\hat{i}_t = \frac{\beta}{1+\beta}E_t\{\hat{i}_{t+1}\} + \frac{1}{1+\beta}\hat{i}_{t-1} + \frac{\psi}{1+\beta}\hat{q}_t + \frac{1}{1+\beta}E_t\{\beta\hat{z}_{t+1} - \hat{z}_t\}$$
(4.35)

其中 $\psi = 1/s''(\cdot)$,为正数。一个正的投资调整成本冲击即负的投资冲击将降低投资,而资本投资价值的上升则导致投资增加。

由(4.10)式可得到对数线性化的实际资本使用价格与资本利用率的关系:

$$\hat{r}^k_t = \hat{u}_t/\psi_u$$
(4.36)

其中,$\psi_u = f'(1)/f''(1)$。

生产函数由(4.23)和(4.36)得到:

$$\hat{y}_t = \hat{a}_t + \alpha\hat{k}_t + \alpha\psi_u \hat{r}^k_t + (1-\alpha)\hat{n}_t$$
(4.37)

资本演进方程(4.4)对数线性化为:

$$\hat{k}_{t+1} = (1-\delta)\hat{k}_t + \delta\hat{i}_t$$
(4.38)

由(4.16)式和(4.18)式得到实际工资决定方程:

$$\hat{w}_t = \frac{1}{1+\beta}(\hat{\pi}_{t-1} + \hat{w}_{t-1}) - \hat{\pi}_t + \frac{\beta}{1+\beta}E_t\{\hat{w}_{t+1} + \hat{\pi}_{t+1}\}$$
$$- \frac{(1-\beta\xi_w)(1-\xi_w)}{(1+\beta)\xi_w}\left(\hat{w}_t - \hat{\mu}_t^w - \frac{1}{\varphi}\hat{n}_t - \frac{1}{\sigma(1-h)}(\hat{c}_t - h\hat{c}_{t-1})\right)$$
(4.39)

(4.39)式说明工资不仅取决于过去及预期工资的影响,还受到上一期、同期及预期未来通货膨胀的影响,特别是与本期通胀负相关。此外,正向工资加成冲击,以及经济的景气(即就业增加、消费增加)会导致实际工资水平的上升。

同样地,完全指数化的通货膨胀方程由(4.22)式、(4.25)式和(4.29)式得到:

$$\hat{\pi}_t = \frac{1}{1+\beta}\hat{\pi}_{t-1} + \frac{\beta}{1+\beta}E_t\{\hat{\pi}_{t+1}\}$$
$$+ \frac{(1-\beta\xi_p)(1-\xi_p)}{(1+\beta)\xi_p}(-\hat{a}_t + \alpha\hat{r}_t^k + (1-\alpha)\hat{w}_t + \hat{\mu}_t^p)$$
(4.40)

上式即为新凯恩斯主义的菲利普斯曲线:通货膨胀取决于过去和预期未来通货膨胀以及当期实际边际成本。此外,通货膨胀还与价格加成冲击正相关。

产品市场均衡条件即总资源约束方程(4.31)式可对数线性化为:

$$\hat{y}_t = \frac{\mu^p(1-\beta(1-\delta)) - \alpha\beta\delta}{\mu^p(1-\beta(1-\delta))}\hat{c}_t + \frac{\delta\alpha\beta}{\mu^p(1-\beta(1-\delta))}\hat{i}_t$$
(4.41)

由(4.41)式的总资源约束方程可知,总产出正向取决于消费和投资的增加。

劳动需求方程由(4.26)和(4.36)得到:

$$\hat{n}_t = \hat{k}_t - \hat{w}_t + (1+\psi_u)\hat{r}_t^k$$
(4.42)

模型中所包含的 5 个冲击,即方程(4.2)、(4.5)、(4.19)、(4.24)、(4.30)的对数线性化形式为(4.43)~(4.47)式:

$$\hat{b}_t = \rho_b \hat{b}_{t-1} + \eta_t^b$$
(4.43)

$$\hat{z}_t = \rho_z \hat{z}_{t-1} + \eta_t^z$$
(4.44)

$$\hat{\mu}_t^w = \rho_{\mu^w} \hat{\mu}_{t-1}^w + \eta_t^{\mu^w}$$
(4.45)

$$\hat{a}_t = \rho_a \hat{a}_{t-1} + \eta_t^a$$
(4.46)

$$\hat{\mu}_t^p = \rho_{\mu^p} \hat{\mu}_{t-1}^p + \eta_t^{\mu^p}$$
(4.47)

4.2.4 中央银行的政策行为

尽管当前我国央行以货币供应量作为中介目标,但本章的目的在于考察利率在我国经济中的传导,以及利率作为货币政策中介目标的可行性,因此,本书假定中央银行实施货币政策时采取修订的泰勒规则。

$$\hat{r}_t = (1-\gamma_r)(\gamma_\pi \hat{\pi}_t + \gamma_y \hat{y}_y) + \gamma_r \hat{r}_{t-1} + \hat{v}_t$$
(4.48)

$$\hat{v}_t = \rho_v \hat{v}_{t-1} + \eta_t^v$$
(4.49)

第 4 章 基于 DSGE 模型的利率传导实证研究

(4.48)式说明利率不仅取决于上期利率,还取决于通货膨胀、产出和外生随机扰动,且该外生冲击是持久的。其中,$\rho_v \in (-1,1)$,η_t^v 是具有 0 均值、标准误为 σ_v 的 $i.i.d.$ 正态分布。

上述方程(4.32)~(4.35),(4.37)~(4.49)构成了 DSGE 模型的对数线性化形式,下文第三部分的参数估计和第四部分的脉冲响应分析都是基于该对数线性化的 DSGE 模型进行的。

4.3 数据和模型估计

4.3.1 数据

本章数据来自于 CCER 和中经统计网。数据长度为 1996 年 1 季度至 2009 年 1 季度,分别以国内生产总值、社会消费品零售总额、银行间 7 天同业拆借利率、货币供应量 M2、全部从业人员劳动报酬作为模型中产出 Y、消费 C、利率 R、货币余额 M 以及工资 W 的替代变量。由于我国的利率还未市场化,因此,选取具有市场利率特征的银行间 7 天同业拆借利率决定了本章数据的样本期只能以 1996 年 1 季度作为初始期,因为我国银行间拆借市场建立于 1996 年。通货膨胀 π 是以环比的居民消费价格指数 CPI 作为价格 P 的替代变量计算得到。此外,将居民消费价格指数 CPI 以 1996 年 1 季度作为基期进行定基处理(原始数据为环比 CPI,因此定基 CPI 的具体算法是将 1996 年 1 季度的 CPI 设定为 100,则之后各期定基 CPI 等于本期环比 CPI 乘以上一期定基 CPI 再除以 100 得到。),从而得到观测变量产出 Y、消费 C、货币需求 M、工资 W 的实际值。随后采用 BP 滤波方法对全部 6 个观测变量进行了退势(de-trending)和季节调整处理,保留各观测变量周期为 6~32 个季度的分量,去掉了周期小于 6 个季度和大于 32 个季度的分量,处理结果见图 4.1,以各观测变量对其稳态值偏离的百分比来表示。

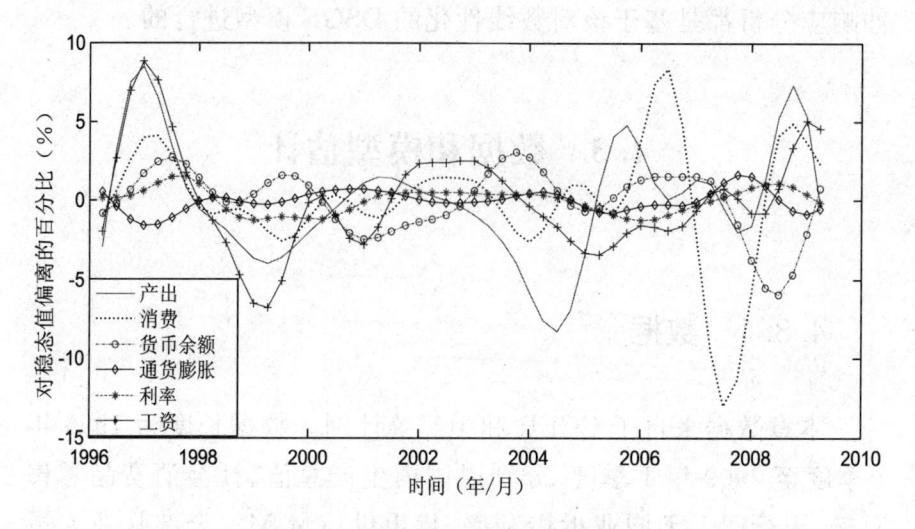

图 4.1 观测变量的 BP 滤波处理

4.3.2 极大似然方法参数估计

本章采用极大似然方法估计上文线性化 DSGE 模型的结构参数。首先运用 Blanchard & Kahn(1980)的方法求解线性 DSGE 模型的解,并用状态空间的形式表示;然后运用 Kalman 滤波得到关于模型结构参数的似然函数[①],极大化之即可求得参数

[①] 关于极大似然方法以及基于 Kalman 滤波的似然函数的具体推导在第 2 章已经做了详细介绍,此处就不再赘述。

的估计值。具体地：

对数线性化 DSGE 模型，即上文方程 (4.32)～(4.35)，(4.37)～(4.49) 可表示为如下状态空间的形式：$AE_tX_{t+1}=BX_t+CV_t$，其中，$X_t=[\hat{y}_t,\hat{c}_t,\hat{i}_t,\hat{k}_t,\hat{r}_t,\hat{n}_t,\hat{m}_t,\hat{\pi}_t,\hat{w}_t,\hat{q}_t,\hat{r}_t^k]'$，$V_t=[\hat{z}_t,\hat{a}_t,\hat{b}_t,\hat{v}_t,\hat{\mu}_t^p,\hat{\mu}_t^w]'$，系数矩阵 A、B、C 取决于模型结构参数，E_t 为期望运算符号。则 BK 方法得到的模型解的状态空间形式为：

$$x_t = Fx_{t-1} + D\varepsilon_t$$

$$f_t = Hx_t$$

模型状态变量 $x_t=[\hat{y}_t,\hat{c}_t,\hat{i}_t,\hat{k}_t,\hat{r}_t,\hat{n}_t,\hat{m}_t,\hat{\pi}_t,\hat{w}_t,\hat{q}_t,\hat{z}_t,\hat{a}_t,\hat{b}_t,\hat{v}_t,\hat{r}_t^k,\hat{\mu}_t^p,\hat{\mu}_t^w]'$，观测变量 $f_t=[\hat{y}_t,\hat{c}_t,\hat{r}_t,\hat{m}_t,\hat{\pi}_t,\hat{w}_t]'$，外生随机扰动项 $\varepsilon_t=[\varepsilon_t^b\varepsilon_t^a\varepsilon_t^z\varepsilon_t^v\varepsilon_t^p\varepsilon_t^w]'$，$F$、$D$、$H$ 同样依赖于模型结构参数。观测变量个数与外生冲击个数相等，从而避免了估计中的奇异性问题。下文参数的估计值是通过运用 Dynaer 工具箱，在 MATLAB 7.7 环境中计算得到的。

4.3.3 参数估计

由于受可得数据个数的限制，模型中的参数不可能全部通过估计得到，部分结构参数需要根据已有文献的研究结果进行设定，或根据其它数据校准得到。随机贴现因子 β 在已有文献中均采用校准的方法得到，如 Ireland(1997,2004)，Smets & Wouters(2003) 将 β 值校准为 0.99。本书根据样本期内我国 7 天同业拆借利率的年度均值将 β 值校准为 0.9892，因为样本期内我国银行间同业拆借利率的年度均值为 4.37%，而 $\beta=1/(1+4.37\%/4)$（由 (4.9) 式得到）。根据我国全部从业人员劳动报酬占 GDP 的比重，将资本份

额 α 校准为 0.41。根据 Smets & Wouters(2003)将劳动供给的工资弹性 φ 校准为 0.42,投资调整成本 ψ 和资本利用成本 ψ_u 分别校准为 0.148 和 0.17,稳态价格加成比例 μ^p 校准为 1.2(则稳态时,中间产品的需求弹性为 6,因为 $\mu^p=\theta^p/(\theta^p-1)$)。资本折旧率 δ 校准为 0.025,意味着年折旧率为 10%(见 Ireland(1997)、CEE(2003))。而模型中其余 20 个参数则由极大似然估计方法得到。表 4.1 和表 4.2 分别为校准的参数值和估计的参数值。

表 4.1 参数校准值

参数	β	δ	α	φ	ψ	ψ_u	μ^p
校准值	0.9892	0.025	0.41	0.42	0.148	0.149	1.2

本章的参数估计在统计上大都是显著的。消费跨期替代弹性 σ 的估计值为 0.3756,外生习惯形成参数 h 为 0.6812,货币需求的利率弹性 γ 的估计值为 0.5995。参数不制定最优价格的概率 ξ_p 与不制定最优工资的概率 ξ_w 的估计值分别为 0.9053、0.8284,这意味着价格和工资的粘性(即持久期)分别为 10.5 和 5.8 个季度,即 2.6 年和 1.5 年,比较接近 Smets & Wouters(2003)所估计的欧元区的价格粘性和工资粘性的 2.5 年和 1 年。泰勒规则的三个参数,即利率对通胀、产出、上期利率的响应系数 γ_π、γ_y、γ_r 的估计值分别为 1.7099、0.2890 和 0.7822[①],且是显著的,说明本章央行遵循利率规则的假设是合理的,可以运用泰勒规则指导中国的货币政策。

利率、技术等 6 个外生冲击的持久性参数的估计值基本都在 0.8 以上较大,说明这 6 个外生冲击对我国经济的影响较为持久,

---

[①] 货币政策,即名义利率对通胀和产出的弹性分别为 0.372 和 0.063。

第四部分的脉冲响应分析也说明了外生冲击的影响较为持久（经济对冲击的响应基本都在 10 个季度之后才恢复到 0 值）。技术、投资调整成本及利率冲击的标准误的估计值都是显著的，说明这 3 个外生冲击在很大程度上解释了观测变量的波动，而两个成本推动冲击——价格加成、工资加成冲击，以及消费偏好冲击的标准误不显著，说明这 3 个冲击对经济波动的影响较小。此外，利率冲击的标准误 σ_v 为 0.0018，较小，在一定程度上也说明了本书假设我国货币政策遵循利率规则是合理的。

表 4.2 极大似然参数估计值

参数	估计值	标准误	参数	估计值	标准误
ρ_a	0.8101	0.6332	σ_a	0.3557	0.0547
ρ_b	0.8477	0.1523	σ_b	0.2017	0.3933
ρ_z	0.7969	0.0490	σ_z	0.2076	0.0613
ρ_{μ^p}	0.8492	0.1005	σ_{μ^p}	0.1091	1.2312
ρ_{μ^w}	0.8415	0.5824	σ_{μ^w}	0.2212	0.7366
ρ_v	0.8410	0.1258	σ_v	0.0018	0.0002
σ	0.3756	0.1562	h	0.6812	0.0867
γ	0.5995	0.5606	ξ_p	0.9053	0.0129
ξ_w	0.8284	0.0112	γ_r	0.7822	0.0213
γ_y	0.2890	0.0196	γ_π	1.7099	0.0778

4.4 DSGE 模型适用性分析

本节将根据上文估计 DSGE 模型结构参数时所得到的"副产品"——利率、技术、消费偏好等 6 个外生冲击的光滑估计以及基于反事实仿真所得到的模型拟合的观测变量值与观测变量实际值的比较,来考察本章所构建的动态随机一般均衡模型(DSGE)对我国经济现实的刻画能力,以此评价该模型是否可以用来分析本章的研究主题,即基于修订的泰勒规则下利率的传导。由下文的分析可知,无论是利率、技术、消费偏好等 6 个外生冲击的光滑估计,还是基于反事实仿真的观测变量拟合值与其实际值的比较,都为本书所构建的动态随机一般均衡模型的适用性提供了充足的证据,说明了本章的 DSGE 模型较为成功的刻画了中国的经济情况,可以用该模型来分析利率的传导途径。

4.4.1 外生冲击的光滑估计分析

图 4.2 为估计模型参数时所得到的 6 个外生冲击的光滑估计。由图 4.2 可以看出,利率、技术、消费偏好等 6 个外生冲击的光滑估计值与我国经济发展路径较为吻合,在一定程度上说明了本章所构建的动态随机一般均衡模型对我国的经济现实刻画较好。

样本初期,即 1996 年,价格加成冲击的光滑估计为负,而利率冲击的光滑估计为正,这与我国当时的经济情况是一致的:1996 年处于我国的工资改革期间,因此正的工资加成冲击光滑估计是合理的;而且为了降低通货膨胀,这一时期我国货币政策是从紧的,央行多次加息,因此利率的光滑估计为正。同时,从紧的货币政策对通货膨胀的调整开始显效,通胀压力下降,因此,价格加成冲击的光滑估计为负。

1997—2002 年,"亚洲金融危机"之后我国经济发展在较长一段时期里处于低迷状态,甚至面临通货紧缩。在这一时期,投资调整成本冲击的光滑估计为正,而技术冲击的光滑估计大部分时候为负,显示了投资和产出增长乏力,消费偏好冲击的光滑

第4章 基于 DSGE 模型的利率传导实证研究

估计在较长时期里也为负值,说明作为产出增长重要驱动力的消费也是趋于低迷的;价格加成冲击和工资加成冲击的光滑估计在大部分时候为负,显示了这一时期我国的通货膨胀率较低。

2007 年左右,我国经济呈现偏热势头、通货膨胀压力增大,因此价格加成冲击和工资加成冲击的光滑估计为正,消费偏好冲击趋于上行;为缓解通胀压力,货币政策转为从紧,央行多次调高利率,从而利率冲击的光滑估计为正。而在样本后期,从 2008 年下半年开始,为抵消美国"次贷危机"所引发的世界经济环境恶化对我国经济的负面影响,央行实行了宽松的货币政策,多次下调利率,从而利率的光滑估计为负,技术冲击下降。

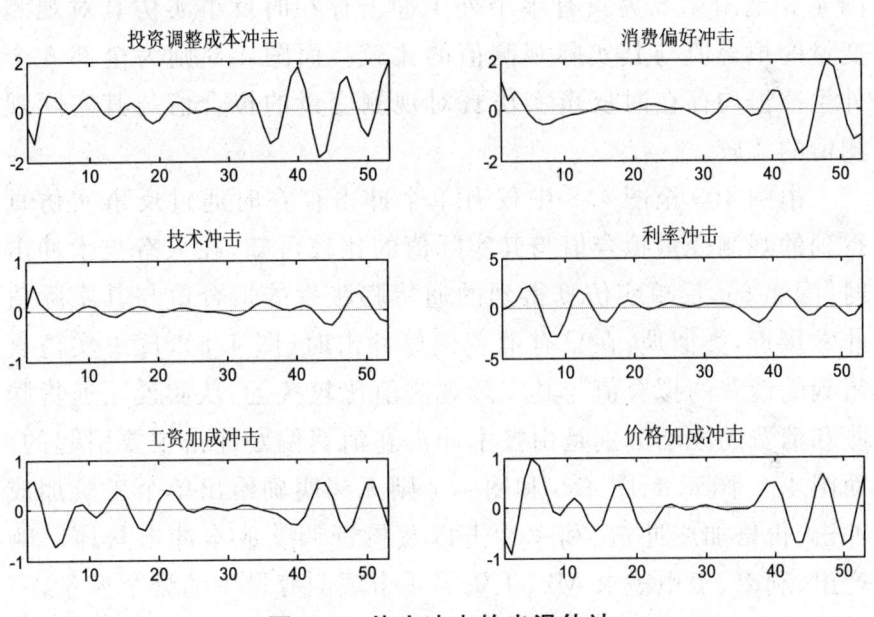

图 4.2 外生冲击的光滑估计

4.4.2 基于反事实仿真的观测变量拟合值与实际值的比较分析

反事实仿真可以得到模型拟合的观测变量值,将其与观测变量的实际值进行比较,不仅可以了解单个外生随机扰动对观测变量波动的影响力度,还可以评价所构建的动态随机一般均衡模型对现实经济的刻画能力。具体地,在估计的模型参数的基础上,依次保留6个外生随机冲击中的某一个而关闭其他5个冲击(即假定其他5个冲击不存在),通过仿真即可分别模拟出产出、消费、利率、货币余额M2、通货膨胀以及工资等6个观测变量的值。图4.3至图4.8为只有单个外生冲击存在时反事实仿真对观测变量的拟合值与其实际观测值的比较。而图4.9则为全部6个外生冲击均存在时反事实仿真对观测变量的拟合值与其实际观测值的比较。

由图4.3至图4.8中仅有单个冲击存在时通过反事实仿真得到的观测变量拟合值与其实际值的比较可知,在只有技术冲击时(图4.6),反事实仿真得到的通货膨胀率的拟合值与其实际值非常接近,类似地,在只有消费偏好冲击时(图4.8),反事实仿真得到的消费的拟合值与其实际观测值比较接近,从而说明通货膨胀和消费的波动分别是由技术冲击和消费偏好冲击主要引起的。而图4.3、图4.4、图4.5和图4.7则无法明确给出单个工资加成冲击、价格加成冲击、利率冲击以及投资调整成本冲击具体影响产出、利率、货币需求M2、工资等4个观测变量中的哪个变量,一个可能的解释是它们对经济的影响是综合在一起的,这在图4.9中得到了明确验证。

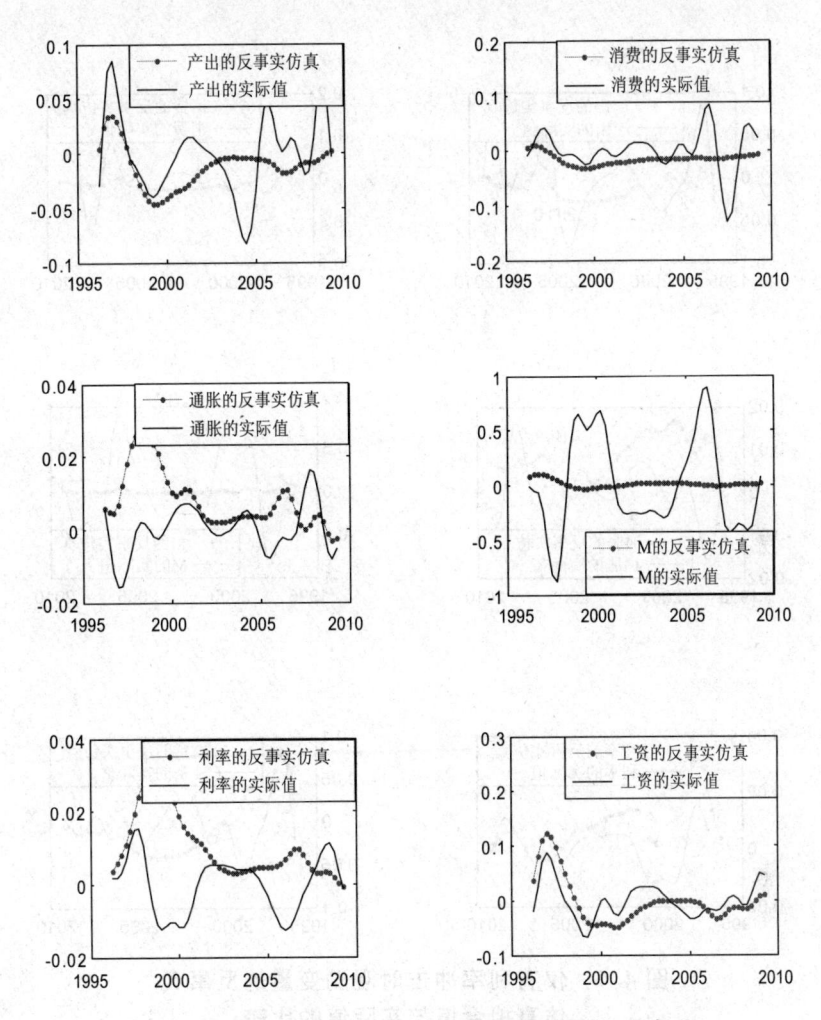

第4章 基于 DSGE 模型的利率传导实证研究

图 4.3 仅有价格加成冲击时观测变量的反事实仿真拟合值与实际值的比较

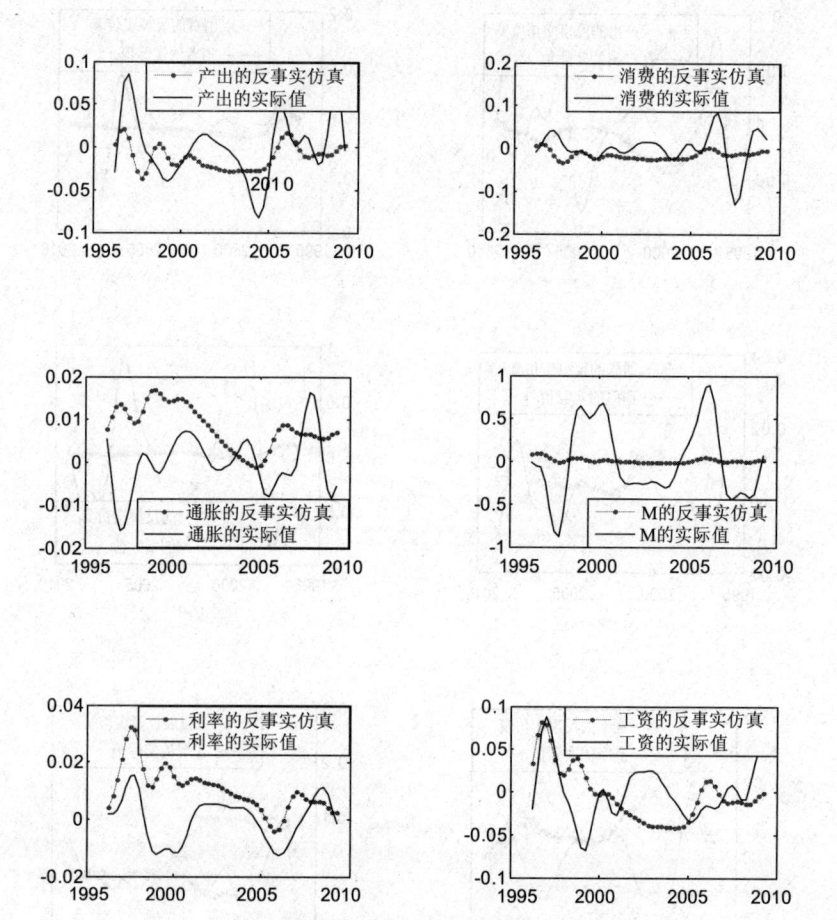

图 4.4 仅有利率冲击时观测变量的反事实
仿真拟合值与实际值的比较

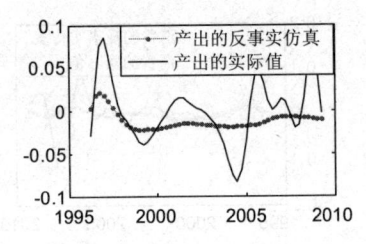

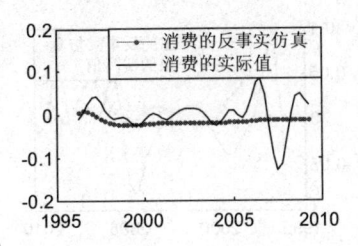

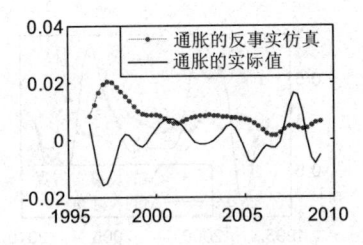

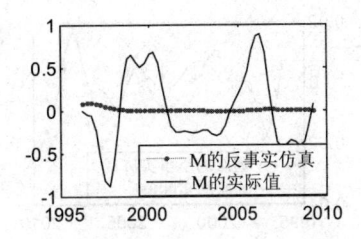

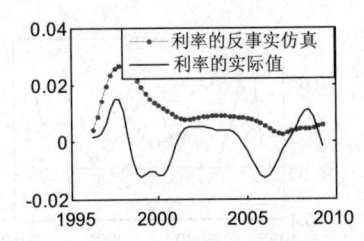

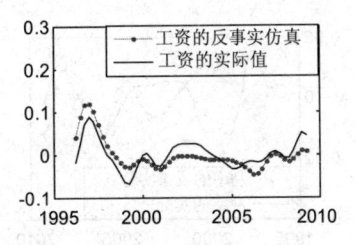

第4章 基于DSGE模型的利率传导实证研究

图 4.5 仅有工资加成冲击时观测变量的反事实
仿真拟合值与实际值的比较

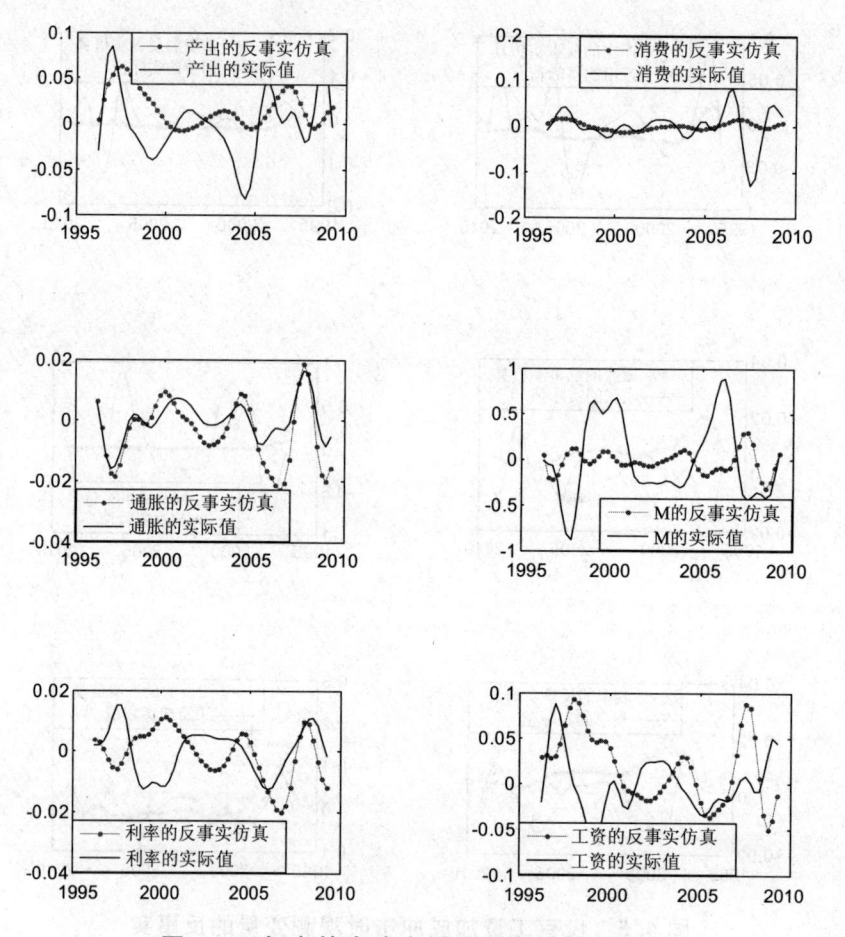

图 4.6 仅有技术冲击时观测变量的反事实
仿真拟合值与实际值的比较

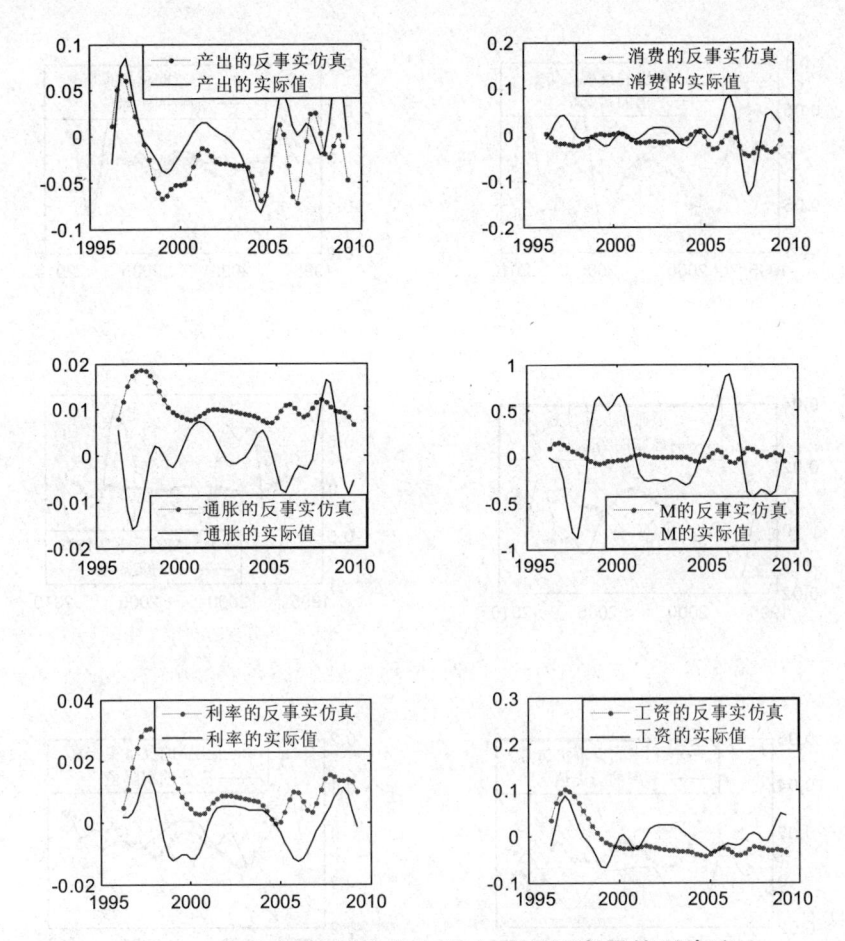

图 4.7 仅有投资调整成本冲击时观测变量的反事实仿真拟合值与实际值的比较

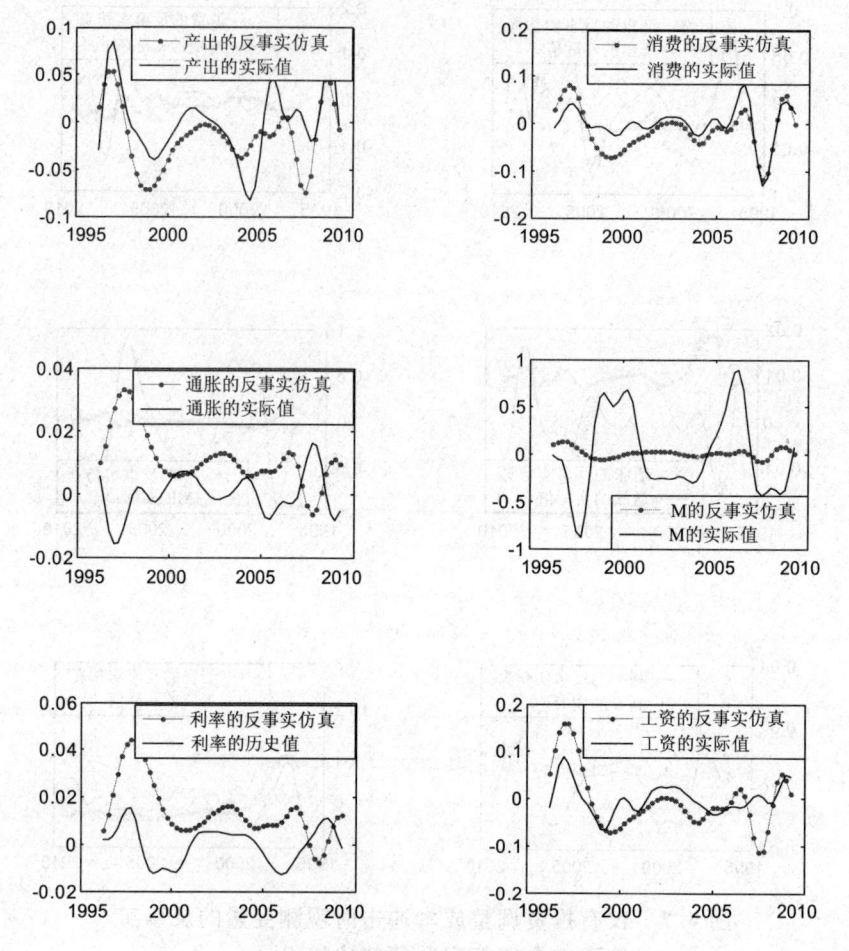

图 4.8 仅有消费偏好冲击时观测变量的反事实仿真拟合值与实际值的比较

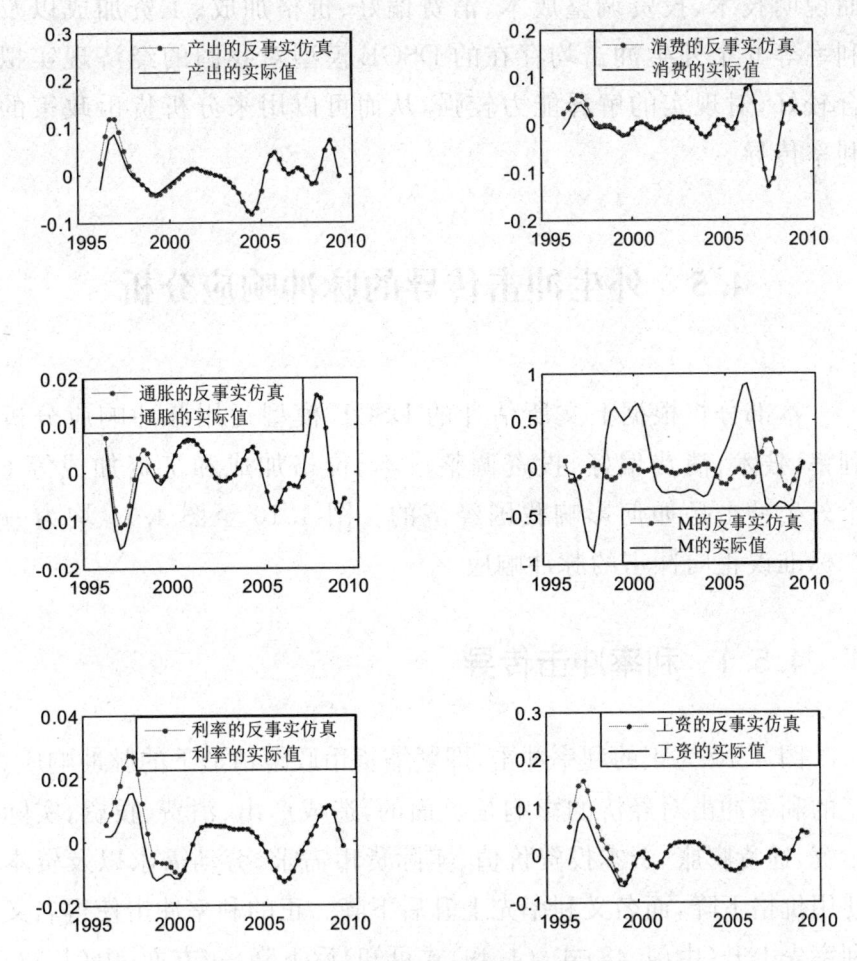

第 4 章　基于 DSGE 模型的利率传导实证研究

图 4.9　全部冲击均在时观测变量的反事实仿真拟合值与实际值的比较

由图 4.9 可以看出,利率、技术、消费偏好、投资调整成本、价格加成、工资加成等全部 6 个外生冲击均存在时,除了实际货币余额 M2,反事实仿真得到的产出、消费、利率、通货膨胀以及工资等 5 个观测变量的拟合值与它们的实际值都比较一致,从而说明技术、投资调整成本、消费偏好、价格加成、工资加成以及利率等6个外生冲击均存在的DSGE模型对我国的经济现实拟合较好,对现实的解释能力较强,从而可以用来分析货币政策的利率传导。

4.5 外生冲击传导的脉冲响应分析

本部分将根据上文所估计的DSGE模型运用脉冲响应分析利率、技术、消费偏好、投资调整成本、价格加成和工资加成等6个外生冲击是如何影响我国经济的。图4.10至图4.15均为一个标准误正向冲击的脉冲响应。

4.5.1 利率冲击传导

图4.10为正的利率冲击,即紧缩货币政策情形下的脉冲响应。正的利率冲击对经济的影响是负面的,造成产出、消费、投资、实际工资、通货膨胀、资本投资价值、实际货币需求、劳动需求以及资本使用价格下降,而名义利率先上升后下降。正的利率冲击使得名义利率先上升(由(4.48)式、(4.49)式可知)后下降,一方面,由(4.33)式可知消费减少,因为利率上升意味着家庭投资债券的回报上升,从而家庭会将其收入更多的用于购买债券而不是消费;另一方面,由(4.34)式、(4.35)式可知名义利率上升导致导致资本投资价值下降进而投资下减少;由(4.41)式可知,产出正向取决于消费和投资,因而正的利率冲击所导致的消费和投资的减少最终导致了产出减少。此外,由(4.40)式可知,通货膨胀下降的原因在于实际

第 4 章 基于 DSGE 模型的利率传导实证研究

工资和资本使用价格的下降。则利率传导机制可概括为:正的利率冲击→名义利率↑→$\begin{cases}资本投资价值↓→投资↓\\消费↓\end{cases}$→产出↓。

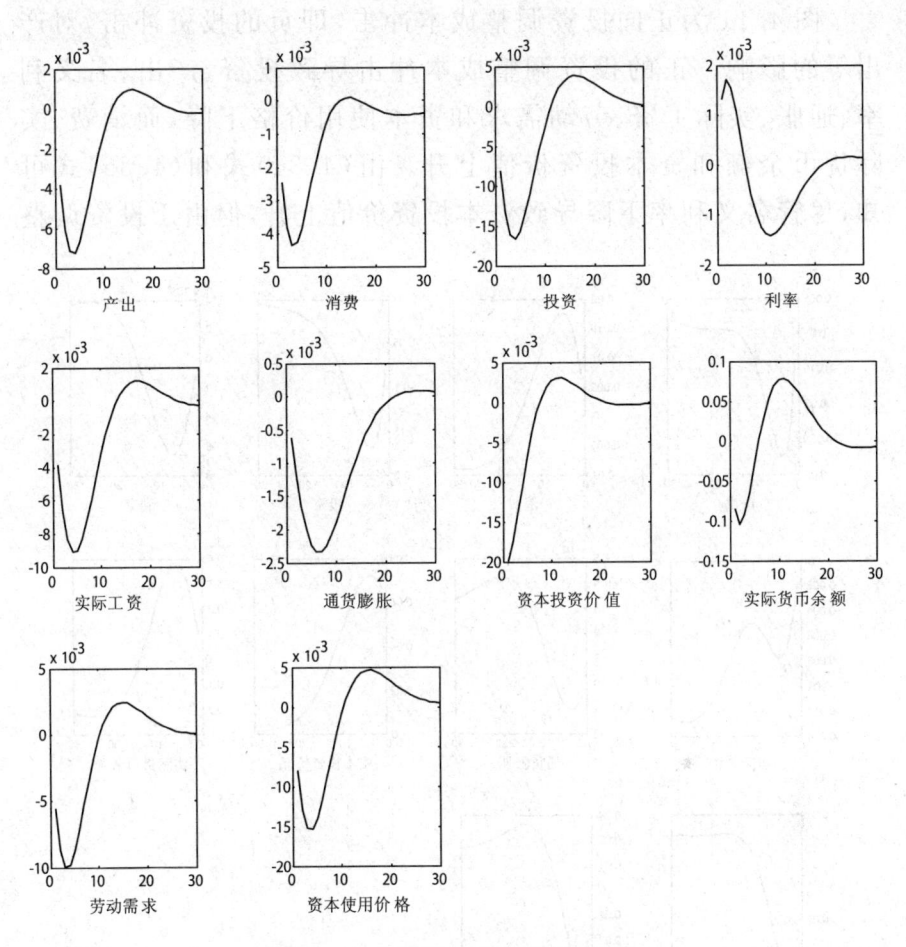

图 4.10 利率冲击的脉冲响应

4.5.2 投资调整成本冲击传导

图 4.11 为正向投资调整成本冲击,即负的投资冲击,对产出等的影响。正的投资调整成本冲击导致投资、产出、名义利率、通胀、实际工资、劳动需求和资本使用价格下降,而消费、实际货币余额和资本投资价值上升。由(4.34)式和(4.35)式可知,尽管名义利率下降导致资本投资价值上升,但由于投资调整

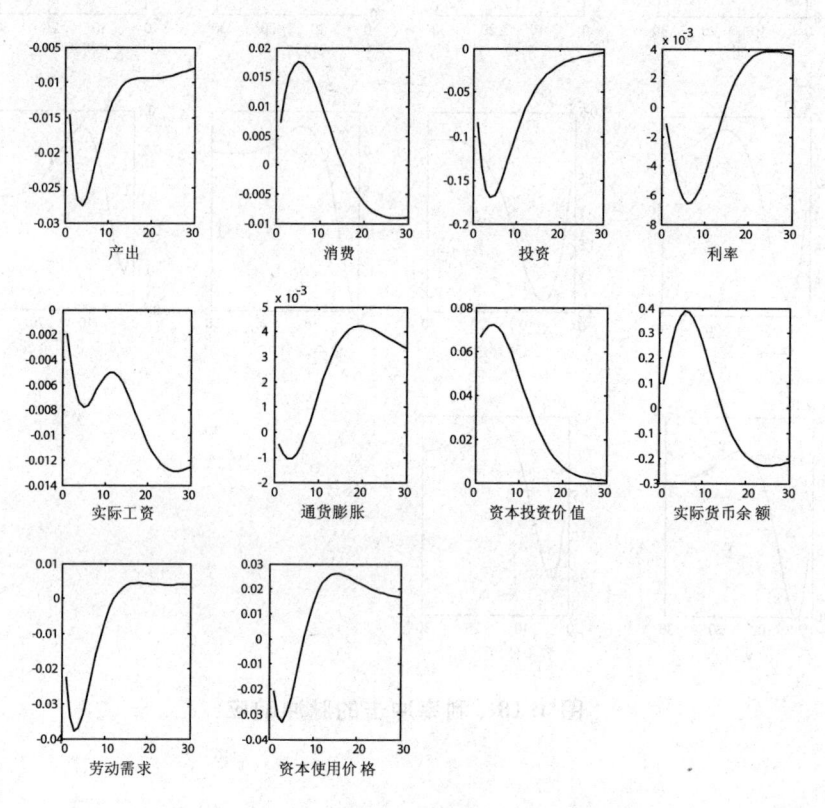

图 4.11 投资调整成本冲击的脉冲响应

成本冲击对投资的负向影响较大,从而投资是下降的;另一方面,名义利率下降意味着债券回报率下降,从而消费增加,实际货币余额增加;由于投资的减少大于消费的增加,因此产出下降。则投资调整成本冲击传导可概括为:投资调整成本↑→名义利率↑→$\begin{cases}资本投资价值↓→投资↓\\消费↓\end{cases}$→产出↓。由消费和投资对冲击的响应值进而产出对冲击的响应可知,投资调整成本冲击对经济的负向影响主要是通过投资传递的。

4.5.3 技术冲击传导

图 4.12 为正向技术冲击对经济的影响。正的技术冲击对经济的影响是正面的,它导致产出、消费、投资、实际工资、资本投资价值及实际货币余额上升,而通货膨胀、名义利率、劳动需求和实际资本使用价格下降。由(4.40)式可知,技术进步使通货膨胀下降,从而名义利率下降(由(4.48)式可知),这一方面导致消费增加(原因在于债券回报下降),另一方面,名义利率下降使资本投资价值上升进而投资增加(由(4.34)式、(4.35)式可知),因而产出增加。实际工资由于通胀下降和消费增加而上升(见(4.39)式)。则技术冲击的传导过程可概括为:技术↑→通货膨胀↓→名义利率↓→$\begin{cases}资本投资价值↓→投资↓\\消费↓\end{cases}$→产出↑。尽管技术进步导致的消费和投资的增加共同使得产出增加,但投资对技术冲击的响应远大于消费对该冲击的响应,从而说明在技术冲击的传导中投资发挥着主导作用。

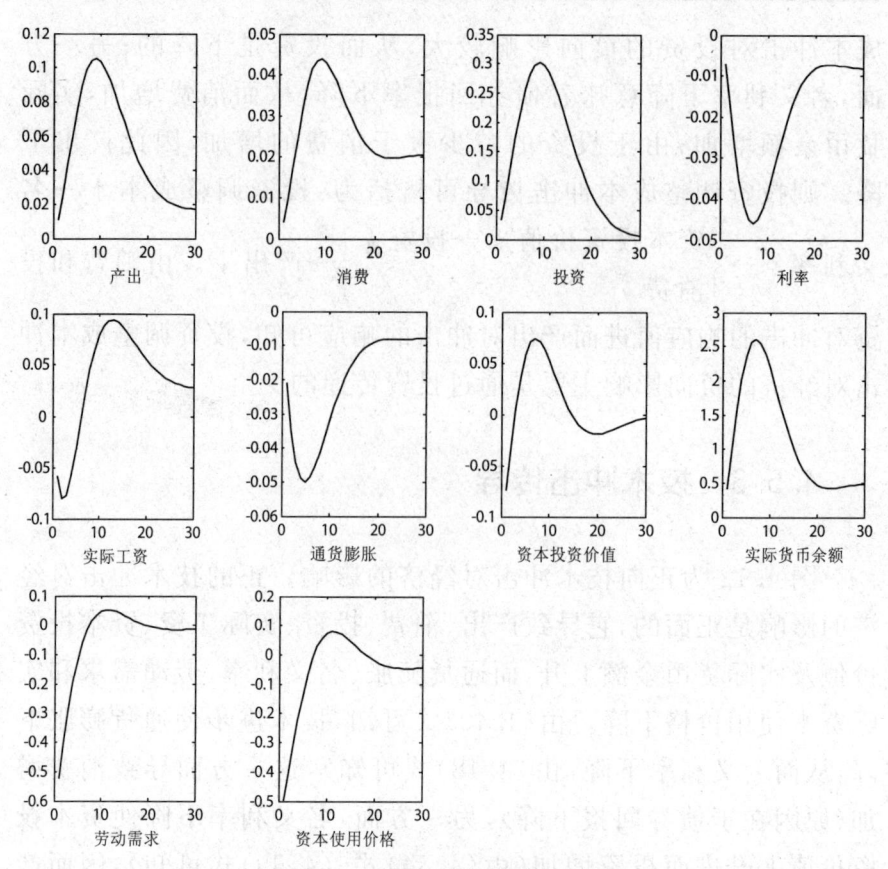

图 4.12　技术冲击的脉冲响应

4.5.4　消费偏好冲击传导

图 4.13 为正向消费偏好冲击的影响。正的消费偏好冲击导致消费、名义利率、实际工资、通货膨胀及资本使用价格上升,产出和劳动需求先增加后减少,而资本投资价值、投资减少。由(4.33)式可知,正的消费偏好冲击使消费者的收入更多用于消费而减少了实际余额需求,从而产出增加。由(4.32)式可知,实际货币余额与利率负相关,因此名义利率上升,从而资本投资价值、投资减少,这最

第4章 基于 DSGE 模型的利率传导实证研究

终会导致产出下降。由于消费和投资的共同作用,产出对消费偏好冲击的响应表现为先上升后下降。通货膨胀上升的原因在于消费增加导致了实际工资和资本使用价格上升(由(4.39)式、(4.40)式可知)。则消费偏好冲击的传导可概括为:正的消费偏好冲击→$\begin{cases}实际货币余额↓→利率↑→资本投资价值↓→投资↓\\消费↑\end{cases}$→产出先↑后↓。

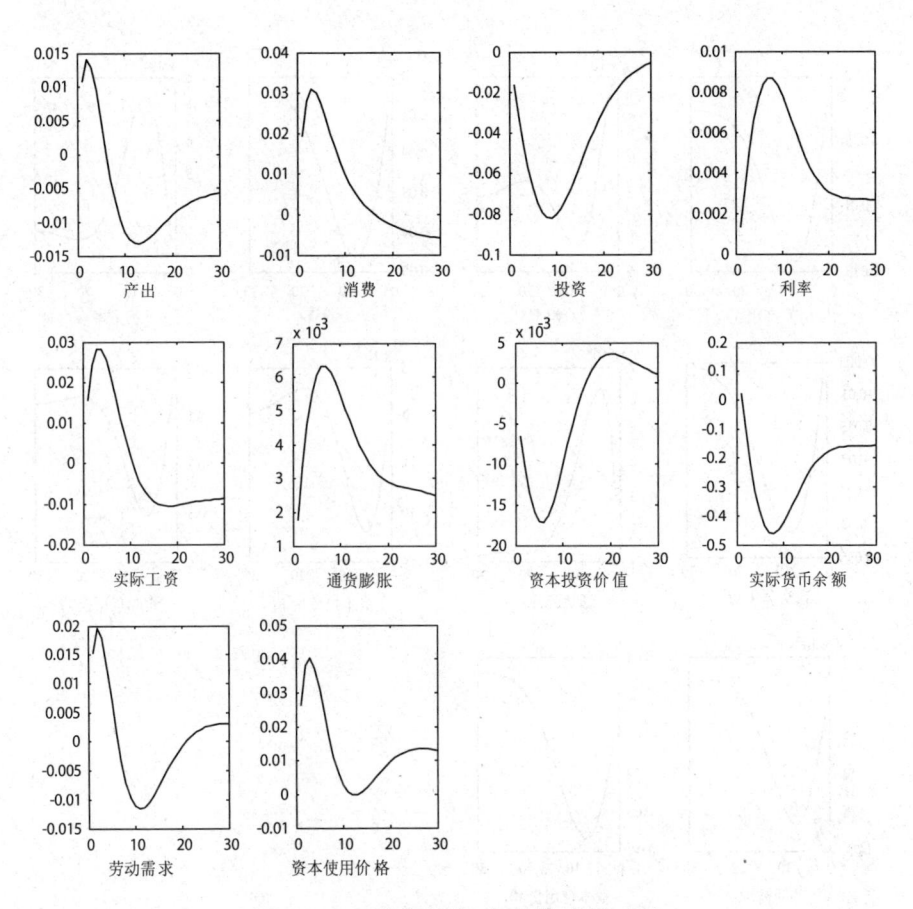

图 4.13 消费偏好冲击的脉冲响应

4.5.5 价格加成冲击传导

图 4.14 为正向价格加成冲击的影响。正的价格加成冲击对整个经济的影响是负面的,它导致产出、消费、投资、实际工资、资本投资价值、实际货币余额、劳动需求及资本使用价格下降,而通货膨胀、名义利率上升。由(4.40)式可知,正向价格加

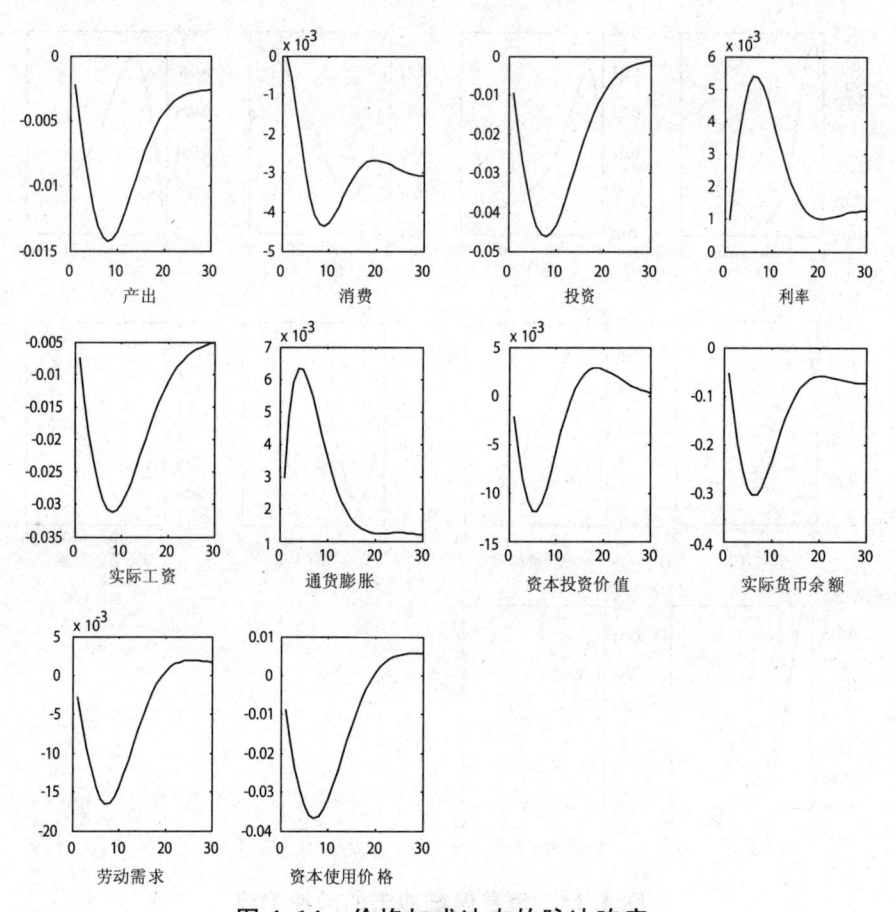

图 4.14 价格加成冲击的脉冲响应

成冲击导致通货膨胀上升,且由(4.48)式可知,名义利率随通胀的上升而上升,这一方面使消费减少(由(4.33)式可知),另一方面使资本投资价值下降进而投资减少(由(4.34)式和(4.35)式可知),并最终导致了产出的减少。由(4.39)式可知,实际工资下降是由消费减少和通胀上升共同导致的。则正向价格加成冲击的传导机制可概括为:正向价格加成冲击→通货膨胀↑→名义利率↑→$\begin{cases}资本投资价值↓→投资↓\\消费↓\end{cases}$→产出↓。由图 4.14 中消费和投资对价格加成冲击的响应值的比较可知,相对来讲,投资在价格加成冲击的传导中发挥着主要作用。

4.5.6 工资加成冲击传导

图 4.15 为正向工资加成冲击对经济的影响。正的工资加成冲击对经济的影响也是负面的,它导致产出、消费、资本投资价值、投资、实际货币余额及劳动需求减少,而实际工资、名义利率、通胀及资本使用价格上升。由(4.39)式可知,正向工资加成冲击使实际工资上升,进而通货膨胀上升(见(4.40)式),由(4.48)式可知,名义利率与通货膨胀正相关,因而名义利率上升。而名义利率的上升一方面导致消费减少,另一方面导致资本投资价值下降进而投资减少,消费和投资的减少最终使产出减少。且名义利率上升还使实际货币余额减少。则正向价格加成冲击的传导可概括为:正向工资加成冲击→实际工资↑→通货膨胀↑→名义利率↑→$\begin{cases}资本投资价值↓→投资↓\\消费↓\end{cases}$→产出↓。同样,由图 4.15 中消费和投资对冲击的响应的比较可知,投资而非消费在工资加成冲击的传导中发挥着主要作用。

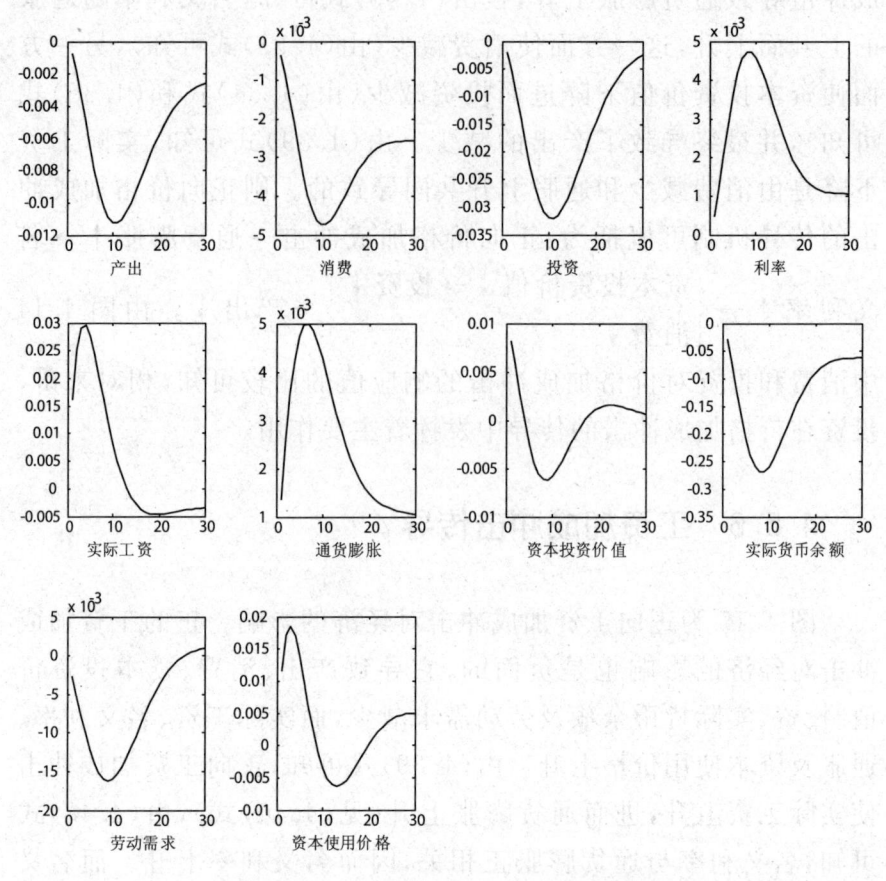

图 4.15 工资加成冲击的脉冲响应

4.6 结论

货币供应量作为我国货币政策中介目标的表现越来越受到诟病,寻找新的更为合理的中介目标就成为必然,选择利率毫无疑问是一个自然而然的尝试。因此,考察利率作为我国货币政策

第4章　基于 DSGE 模型的利率传导实证研究

中介目标的可行性以及利率在外生冲击传导中的作用就成为了本章的研究主题。为此,本章以新凯恩斯主义理论为基础,构建了一个货币政策遵循修订的泰勒规则的动态随机一般均衡模型,分析了利率、技术、投资调整成本、消费偏好、价格加成、工资加成等 6 个外生冲击在我国经济中的传导。研究发现:

第一,第 4.4 节外生冲击的光滑估计和反事实仿真结果表明,不仅外生冲击的光滑估计与我国的经济发展路径吻合,而且反事实仿真得到的观测变量的拟合值与其实际值基本一致(除了实际余额 M 的拟合较差),因而本章所构建的 DSGE 模型对现实的描述较好,用来分析我国的经济问题是适宜的。而且,结合第 4.5 节的脉冲响应分析,本章的 DSGE 模型较为成功的刻画了利率、技术等 6 个外生冲击在我国经济中的传导过程。

第二,利率不仅在货币政策的传导中发挥着重要作用,技术、消费偏好、投资调整成本等冲击的传导也需要通过利率对投资、消费进而对产出产生影响,说明利率作为我国货币政策的中介目标是可行的;上文 DSGE 模型中利率规则参数的估计值均是显著的,说明泰勒规则在我国具有一定的适用性。

第三,由第 4.5 节的脉冲响应分析可知,消费和投资在外生冲击的传导中发挥的作用是不同的。投资对利率、投资调整成本、技术、价格加成、工资加成等冲击的响应要远大于消费对各冲击的响应,这说明在我国经济中,货币政策及其他冲击的传导主要是通过投资而对产出产生影响的,消费对外生冲击的传导作用相对较小。该结论与我国现实是相符的,多年来我国经济增长主要来自于投资的增加,而消费需求往往不足。但在消费偏好冲击情形,消费和投资在不同时段对冲击的传导起着主导作用。

第 5 章　信贷、货币供应量传导实证研究

本章是对第三章模型的进一步拓展，在第三章所构建的动态随机一般均衡模型（DSGE）的基础上，本章不仅将外生消费习惯纳入了模型的分析框架，同时将金融市场即金融中介机构的信贷行为引入了模型，因而本章的模型与现实情况更为相符。相对第三章仅仅考察了货币供应量的传导，本章不仅关注货币供应量的传导，而且在内生信贷行为信贷存在外生冲击的情况下，考察了外生信贷冲击在我国经济中的传导。此外，除了引入与第三、第四章相同的技术、消费偏好、投资调整成本、价格加成以及工资加成等冲击外，本章还将货币需求冲击引入到 DSGE 模型的分析框架。

本章的结构安排如下：第 5.1 节为关于货币供应量、信贷传导的相关文献综述。第 5.2 节为包含金融市场的动态随机一般均衡模型（DSGE）的构建。第 5.3 节数据和参数估计，详细介绍本章实证研究所采用的数据变量及其 BP 滤波处理，并运用贝叶斯方法估计模型的参数。第 5.4 节为模型适用性分析，包括外生随机扰动的光滑估计分析和基于反事实仿真的观测变量拟合值与其实际值的比较。第 5.5 节运用脉冲响应图分析了货币供应量、信贷等 8 个外生冲击在我国经济中的传导过程。第 5.6 节为本章的小结。

5.1 文献综述

货币政策传导向来是货币理论的核心之一，国内外众多学者都对其进行过探讨。国内学者运用协整、格兰杰因果检验等计量方法的研究表明，银行信贷在我国货币政策传导中发挥着主导作用，如王振山、王志强(2000)、莫高琪、冉茂盛、钟韬(2005)等。对于货币供应量传导渠道的研究，学者们的结论并不一致。赵昕东、陈飞、高铁梅(2002)、孙明华(2004)认为我国货币政策主要是通过货币渠道而对实际经济产生影响的。吴培新(2008)认为信贷和货币供应量在我国货币政策传导中均发挥作用，但货币供应量依存于信贷的变化而变化，从而信贷传导较为重要。而莫万贵、王立元(2008)的研究表明存在由国内生产总值到货币供应量M2的单向格兰杰因果关系，从而认为我国货币政策传导的货币供应量渠道不存在。

Atta-Mensah & Dib(2008)在只有名义价格粘性、货币政策采取修订泰勒规则的动态随机一般均衡模型中考察了信贷、利率冲击对经济的影响，认为加拿大货币政策传导的利率和信贷渠道存在。刘斌(2008)研究了运用动态随机一般均衡模型分析中国货币政策的适用性问题，并运用该模型研究了我国货币政策的利率传导。

如同第三章和第四章，本章研究的重点是要找出货币政策工具——货币供应量、信贷是通过对哪些经济变量产生影响进而对产出产生真实效应，而非验证货币政策传导的某个渠道是否存在。因此，本章研究的侧重点与上述文献的研究不同。

5.2 动态随机一般均衡模型(DSGE)的构建

  本章的模型主要采取了 Smets & Wouters(2003)、Atta-Mensah & Dib(2008)的形式：同第三、四章一样,本章的DSGE模型借鉴了 Smets & Wouters(2003)的方法将投资调整成本和资本利用率纳入了模型的分析框架,并同样采用Calvo(1983)的"价格调整信号"引入名义价格粘性和名义工资粘性,但与之不同的是,本章不但将货币需求引入了代表性家庭的效用函数,而且将金融中介机构引入DSGE框架,此外本文不指数化名义粘性工资和价格,货币政策采用简单货币供应量规则;同时,本章的模型也借鉴了Atta-Mensah & Dib(2008)的方法将贷款引入DSGE模型,但与之校准的方法不同,本章将采用贝叶斯方法估计模型的结构参数并结合脉冲响应分析贷款、货币供应量等冲击的传导,并且Atta-Mensah & Dib(2008)采用"二次调整成本"的方式引入价格粘性,这也与本章不同。本章的模型包含了4个经济主体：代表性家庭、厂商、金融中介机构即商业银行,以及货币政策机构——中央银行。

  在每一期 $t=0,1,2\cdots$,代表性家庭 $j(j\in(0,1))$ 从最终产品厂商那里购买商品,并将劳动和资本供给给中间产品生产商。由于每个家庭供给的劳动是有差别的,从而劳动市场是垄断竞争的,家庭可以决定其劳动的价格,即工资。而资本则在完全竞争市场上供给。

  最终产品厂商从中间产品厂商购买连续的中间产品,并将其作为投入要素以生产最终产品。代表性中间产品厂商 $i(i\in(0,1))$ 使用从代表性家庭购买的劳动、资本以及部分最终产品生

产中间产品 i。由于中间产品 i 在最终产品生产中并不是完全替代的，从而中间产品市场是垄断竞争的，代表性中间产品厂商 i 是商品 i 的价格决定者。此外，中间产品厂商从金融中介机构获得贷款以支付作为要素投入的最终产品。

金融中介机构吸纳家庭的存款，并接受中央银行的一次性注资，所获得的资金用于向中间产品厂商发放贷款。与已有文献不同的是，本文假定中间厂商获得的贷款只能用来支付作为中间投入品的那部分最终产品，而非用于支付工资或者投资。如 Henzel, Hulsewig & Wollmershauser(2007)假定信贷用来支付工资，Aksoy, Basso & Martinez(2009)假定信贷用来支付工资和投资。

此外，货币政策当局通过变动货币供应量干预经济。假定中央银行实施货币政策遵循弗里德曼规则，即简单货币增长率规则。

5.2.1 代表性家庭的效用最大化行为

假定经济中具有无限寿命的代表性家庭是连续的，用 j 表示，$j \in (0,1)$。在每一期 $t=0,1,2\cdots$，代表性家庭 j 需作出一系列决策以最大化其一生的效用。这些决策包括：消费决定、资本积累决定、投资决定、工资决定即劳动供给决定，以及资产持有决定(金融资产中，储蓄和现金各持有多少)。本文假定家庭在消费和资产持有方面是同质的，而在工资决定即劳动供给方面是异质的。

代表性家庭 j 的效用函数为：

$$E_0 \sum_{t=0}^{\infty} \beta^t \left\{ b_t \left(\frac{\sigma}{\sigma-1}(C_t - hC_{t-1})^{\frac{\sigma-1}{\sigma}} + \frac{\nu_t \gamma}{\gamma-1} \left(\frac{M_t}{P_t} \right)^{\frac{\gamma-1}{\gamma}} \right) - \frac{\varphi}{\varphi+1} N_t^{\frac{\varphi+1}{\varphi}} \right\}$$

(5.1)

$\beta \in (0,1)$ 为家庭的随机贴现因子，(5.1)式说明代表性家庭最大化的是其一生效用的现值。σ、γ、φ、h 均大于 0，其中 σ 为消费的跨期替代弹性，γ 为货币需求的利率弹性，φ 为家庭的劳动供给弹性，h 为消费习惯形成；消费偏好冲击 b_t、货币需求冲击 v_t 为 $AR(1)$ 过程：

$$\ln b_t = \rho_b \ln b_{t-1} + \varepsilon_t^b \tag{5.2}$$

$$\ln v_t = (1-\rho_v)\ln v + \rho_v \ln v_{t-1} + \varepsilon_t^v \tag{5.3}$$

其中 ρ_b、$\rho_v \in (-1,1)$，ε_t^b、ε_t^v 分别是具有 0 均值、标准误为 σ_b、σ_v 的 $i.i.d.$ 正态分布。家庭在最大化其一生效用时受到的跨期预算约束为：

$$P_t(C_t+I_t)+D_t+M_t \leqslant M_{t-1}+R_{t-1}D_{t-1}+W_t N_t$$
$$+\Pi_t^F+\Pi_t^I+R_t^k u_t K_t - P_t f(u_t) K_t \tag{5.4}$$

其中，消费 C_t、劳动供给 N_t、投资 I_t、资本 K_t 均为实际变量；D_t 为家庭在 t 期持有的存款，R_{t-1} 为 1 元存款在 $t-1$ 期末的本息和；M_{t-1}、K_t 分别为家庭在进入 t 期时持有的现金和资本；M_t 为 t 期末持有的现金，W_t 为名义工资；Π_t^I、Π_t^F 分别为家庭从中间产品厂商和金融中介机构获得的红利；R_t^k 为名义的资本使用价格，u_t 为资本利用率，$p_t f(u_t) K_t$ 为名义资本使用成本，从而净资本出租回报为 $R_t^k u_t K_t - P_t f(u_t) K_t$，即资本出租回报不仅取决于出租的资本量，还取决于资本利用率 u_t。根据 Smets & Wouters(2003)、CEE(2003)，本文假定稳态时资本利用率 $u_t = 1$，资本使用成本 $f(1) = 0$。

家庭 j 的资本积累方程为：

第 5 章 信贷、货币供应量传导实证研究

$$K_{t+1} = (1-\delta)K_t + \left(1 - S\left(\frac{z_t I_t}{I_{t-1}}\right)\right)I_t$$

(5.5)

其中，δ 为资本折旧率，$S(\cdot)$ 为投资调整成本，且是投资变化的增函数。根据 Smets & Wouters(2003)，本文假定稳态时 $S(\cdot) = S'(\cdot) = 0$，从而投资调整成本仅取决于 $S(\cdot)$ 的二阶导数。投资调整成本冲击 z_t 为 $AR(1)$ 过程：

$$\ln z_t = (1-\rho_z)\ln z + \rho_z \ln z_{t-1} + \varepsilon_t^z$$

(5.6)

其中，$\rho_z \in (-1, 1)$，ε_t^z 是具有 0 均值、标准误为 σ_z 的 $i.i.d.$ 正态分布。

在(5.4)式、(5.5)式的约束下，代表性家庭 j 通过决定 C_t、M_t/P_t、D_t、K_t、u_t、I_t 的数量以最大化其效用函数(5.1)式，构建的拉格朗日函数：

$$L = E_t \sum_{t=0}^{\infty} \beta \left\{ b_t \left(\frac{\sigma}{\sigma-1}(C_t - hC_{t-1})^{\frac{\sigma-1}{\sigma}} + \frac{\nu_t \gamma}{\gamma-1}\left(\frac{M_t}{P_t}\right)^{\frac{\gamma-1}{\gamma}} \right) - \frac{\varphi}{\varphi+1}N_t^{\frac{\varphi+1}{\varphi}} \right\}$$

$$+ \beta\lambda_t \left[\frac{M_{t-1} + R_{t-1}D_{t-1} + W_t N_t + \prod_t^F + \prod_t^I}{P_t} + \frac{R_t^k}{P_t}u_t K_t - f(u_t)K_t \right]$$

$$+ \beta\lambda_t \left[-C_t - I_t - \frac{D_t}{P_t} - \frac{M_t}{P_t} + Q_t \left[(1-\delta)K_t \right.\right.$$

$$\left.\left. + \left(1 - S\left(\frac{z_t I_t}{I_{t-1}}\right)\right)I_t - K_{t+1} \right] \right]$$

则由一阶条件可得：

$$b_t(C_t - hC_{t-1})^{-\frac{1}{\sigma}} - \lambda_t = 0$$

(5.7)

$$b_t v_t \left(\frac{M_t}{P_t}\right)^{-\frac{1}{\gamma}} + \beta E_t \left\{\lambda_{t+1} \frac{P_t}{P_{t+1}}\right\} - \lambda_t = 0$$

(5.8)

$$\beta E_t \left\{\lambda_{t+1} \frac{R_t}{P_{t+1}}\right\} - \lambda_t \frac{1}{P_t} = 0$$

(5.9)

$$\beta E_t \left\{\lambda_{t+1} \left(\frac{R^k_{t+1}}{P_{t+1}} u_{t+1} - f(u_{t+1}) + Q_{t+1}(1-\delta)\right)\right\} - \lambda_t Q_t = 0$$

(5.10)

$$R^k_t / P_t = f'(u_t)$$

(5.11)

$$Q_t \left(1 - S\left(\frac{z_t I_t}{I_{t-1}}\right)\right) = 1 + Q_t S'\left(\frac{z_t I_t}{I_{t-1}}\right) \frac{z_t I_t}{I_{t-1}}$$
$$- \beta E_t \left\{Q_{t+1} \frac{\lambda_{t+1}}{\lambda_t} \frac{P_{t+1}}{P_t} S'\left(\frac{z_{t+1} I_{t+1}}{I_t}\right) \frac{z_{t+1} I_{t+1}}{I_t} \frac{I_{t+1}}{I_t}\right\}$$

(5.12)

其中 λ_t 为预算约束(5.4)式的拉格朗日乘子,其含义为消费的边际效用;Q_t 为(5.5)式的拉格朗日乘子,其含义为资本投资价值。此外,由于不同家庭提供的劳动是有差别的,从而劳动市场是垄断竞争的,家庭在劳动市场上是其所提供的劳动的价格决定者。与 Kollmann(1997)、Clarida, Gali & Gertler(1999)、CEE(2003)以及 Smets & Wouters(2003)一样,本文也采取 Calvo(1983)的方式引入粘性名义工资,即假定只有当家庭接收到随机的"工资调整信号"时,家庭才可以将其名义工资调整到最优。每一期家庭接收到"工资调整信号"的概率是常数,为 $1-\xi_w$,接收到调整信号的家庭 j 在 t 期将其最优名义工资制定为 W_t^*。此外,没有接收到"工资调整信号"的家庭则按照上一期的工资水平调整其名义工资,即:

第 5 章 信贷、货币供应量传导实证研究

$$W_t(j) = W_{t-1}(j)$$

(5.13)

为得到家庭的最优工资 W_t^* 的决定方程，假定经济中存在一个中间劳动雇佣者，它从家庭购买不同种类的劳动，然后打包卖给中间产品生产商。该中间劳动雇佣者通过决定每种劳动 j 的最优购买数量以最大化其利润：

$$\Pi_t = W_t N_t - \int_0^1 W_t(j) N_t(j) \mathrm{d}j$$

(5.14)

其中，$N_t(j)$ 为第 j 种劳动的需求数量，$W_t(j)$ 为其价格，W_t 为总的工资水平。中间劳动雇佣者的总劳动需求为：

$$N_t = \left(\int_0^1 N_t(j)^{\frac{\theta_t^w - 1}{\theta_t^w}} \mathrm{d}j \right)^{\frac{\theta_t^w}{\theta_t^w - 1}}$$

(5.15)

其中，θ_t^w 为随时间而变化的劳动需求的工资弹性。

则由中间劳动雇佣者利润最大化的一阶条件得到：

$$N_t(j) = \left(\frac{W_t(j)}{W_t} \right)^{-\theta_t^w} N_t$$

(5.16)

$$W_t = \left[\int_0^1 W_t(j)^{1-\theta_t^w} \mathrm{d}j \right]^{\frac{1}{1-\theta_t^w}} = \left[\xi_w W_{t-1}(j)^{1-\theta_t^w} + (1-\xi_w) W_t^{*1-\theta_t^w} \right]^{\frac{1}{1-\theta_t^w}}$$

(5.17)

假定代表性家庭 j 在 t 期制定最优工资 W_t^* 之后没有再收到工资调整信号，则其 $t+k$ 期的工资为 $W_{t+k} = W_t^*$。在(5.4)式和(5.16)式的约束下，代表性家庭 j 选择最优工资 W_t^* 最大化其(t,

$t+k$)期之间的效用的现值之和：

$$\max E_t \sum_{k=0}^{\infty} (\beta\xi_w)^k U\left(C_{t+k/t}, \frac{M_{t+k/t}}{P_{t+k/t}}, N_{t+k/t}\right)$$

(5.18)

由一阶条件得到：

$$\sum_{k=0}^{\infty} (\beta\xi_w)^k E_t \left\{ N_{t+k} U_c \left(\frac{W_t^*}{P_{t+k}} + \mu_{t+k}^w \frac{U_{n,t+k}}{\lambda_{t+k}} \right) \right\} = 0$$

(5.19)

其中，$U_{n,t+k} = -N_{t+k}^{\frac{1}{\varphi}}$，$\lambda_{t+k} = b_{t+k}(C_{t+k} - hC_{t+k-1})^{-\frac{1}{\sigma}}$。工资加成冲击 $\mu_{t+k}^w = \frac{\theta_{t+k}^w}{\theta_{t+k}^w - 1}$，为 $AR(1)$ 过程：

$$\ln\mu_t^w = (1-\rho_{\mu^w})\ln\mu^w + \rho_{\mu^w}\ln\mu_{t-1}^w + \varepsilon_t^{\mu^w}$$

(5.20)

其中，$\rho_{\mu^w} \in (-1,1)$，μ^w 为稳态时的工资加成比例，$\varepsilon_t^{\mu^w}$ 是具有 0 均值、标准误为 σ_{μ^w} 的 $i.i.d.$ 正态分布。

5.2.2 厂商的利润最大化行为

1）最终产品厂商的利润最大化

最终产品市场是完全竞争的，厂商使用连续的中间产品 $Y_t(i)(i \in (0,1))$ 生产唯一的最终产品 Y_t。最终产品厂商的生产函数为：

$$Y_t = \left(\int_0^1 Y_t(i)^{\frac{\theta_t^p - 1}{\theta_t^p}} \mathrm{d}i \right)^{\frac{\theta_t^p}{\theta_t^p - 1}}$$

(5.21)

其中，θ_t^p 为可变的需求弹性。由于市场是完全竞争的，最终产品

第 5 章 信贷、货币供应量传导实证研究

厂商将其生产的产品价格 P_t 与投入中间品价格 $P_t(i)$ 视为给定。则由利润最大化得到最终产品厂商对第 i 种中间投入产品的需求为：

$$Y_t(i) = \left(\frac{P_t(i)}{P_t}\right)^{-\theta_t^p} Y_t$$

(5.22)

将(5.22)式代入(5.21)式得到最终产品价格 P_t 与中间产品价格 $P_t(i)$ 之间的关系为：

$$P_t = \left[\int_0^1 P_t(i)^{1-\theta_t^p} \mathrm{d}i\right]^{\frac{1}{1-\theta_t^p}}$$

(5.23)

2) 中间产品厂商的利润最大化

中间产品 $i \in (0,1)$ 在垄断竞争市场生产，厂商的生产函数为[①]：

$$Y_t(i) \leqslant \chi_t(i)^\eta (A_t \widetilde{K}_t(i)^\alpha N_t(i)^{1-\alpha})^{1-\eta}$$

(5.24)

其中，$\chi_t(i)$ 是投入到中间产品生产中的最终产品，中间产品厂商是用贷款对其支付的，则有假定 $L_t(i) \leqslant P_t \chi_t(i)$。有效资本 $\widetilde{K}_t(i) = u_t K_t(i)$，$N_t(i)$ 是投入的劳动数量，为(5.16)式所给出的所有 j 种劳动的组合，技术冲击 A_t 为 $AR(1)$ 过程：

$$\ln A_t = (1-\rho_a)\ln A + \rho_a \ln A_{t-1} + \varepsilon_t^a$$

(5.25)

[①] 此生产函数最早由 Huang et al. (2004) 采用，但其技术只增广劳动的假定与本文不同。

其中 $\rho_a \in (-1,1)$，A 为稳态时的技术水平，等于 1，ε_t^a 是具有 0 均值、标准误为 σ_a 的 $i.i.d.$ 正态分布。

中间产品厂商的实际边际成本为：

$$MC_t = (1-\eta)^{\eta-1} \eta^{-\eta} \alpha^{\alpha(\eta-1)} (1-\alpha)^{(1-\alpha)(\eta-1)}$$
$$A_t^{\eta-1} (r_t^k)^{\alpha(1-\eta)} w_t^{(1-\alpha)(1-\eta)} (R_t^L)^{\eta}$$

(5.26)

其中，实际资本使用价格 $r_t^k = R_t^k/P_t$，实际工资 $w_t = W_t/P_t$，R_t^L 为 1 元贷款到期支付的数额。

又

$$MC_t = \frac{w_t}{(1-\alpha)(1-\eta)\chi_t(i)^\eta (A_t \widetilde{K}_t(i)^\alpha N_t(i)^{1-\alpha})^{-\eta} A_t \widetilde{K}_t(i)^\alpha N_t(i)^{-\alpha}},$$

则结合(5.26)式得到劳动需求方程：

$$N_t(i)^{\alpha+\eta(1-\alpha)} = \left(\frac{1-\eta}{\eta}\right)^\eta \alpha^{\alpha(\eta-1)} (1-\alpha)^{\alpha+\eta(1-\alpha)}$$
$$\cdot (\widetilde{K}_t(i) \cdot r_t^k)^{\alpha(1-\eta)} w_t^{-\alpha+\eta(\alpha-1)} (\chi_t(i) \cdot R_t^L)^\eta$$

(5.27)

结合(5.26)式和 $MC_t = \dfrac{R_t^L}{\eta \chi_t(i)^{\eta-1} (A_t \widetilde{K}_t(i)^\alpha N_t(i)^{1-\alpha})^{1-\eta}}$ 得到中间产品厂商对投入 $\chi_t(i)$ 的需求方程：

$$\chi_t(i) = \frac{\eta}{1-\eta} \alpha^{-\alpha} (1-\alpha)^{-(1-\alpha)} (\widetilde{K}_t(i) \cdot r_t^k)^\alpha (N_t(i) \cdot w_t)^{1-\alpha} (R_t^L)^{-1}$$

(5.28)

此处再次假定中间厂商定价时采用 Calvo(1983)的机制，即每一期，厂商将其产品名义价格调整为最优价格 P_t^* 的概率为 $1-\xi_p$。这种价格调整能力不依赖于厂商或时间，而取决于厂商是否接收到了"价格调整信号"。当厂商不制定最优价格时，其产

品价格按照上一期的价格水平调整,即:

$$P_t(i) = P_{t-1}(i) \tag{5.29}$$

t 期制定最优价格的厂商选择最优价格 P_t^* 最大化其在 $(t,t+k)$ 之间利润的现值之和:

$$\max E_t \sum_{k=0}^{\infty} \xi_p^k \zeta_{t,t+k} (P_t^* - P_{t+k}(i)MC_{t+k})Y_{t+k}(i) \tag{5.30}$$

其中,贴现因子 $\zeta_{t,t+k} = \beta^k \frac{\lambda_{t+k}}{\lambda_t}$,稳态时,$\zeta_{t,t+k} = \beta^k$。则由利润最大化的一阶条件为:

$$\sum_{k=0}^{\infty} \xi_p^k E_t \{\zeta_{t,t+k} Y_{t+k}(i)(P_t^* - \mu_{t+k}^p P_{t+k}(i)MC_{t+k})\} = 0 \tag{5.31}$$

其中,工资加成冲击 $\mu_{t+k}^p = \frac{\theta_{t+k}^p}{\theta_{t+k}^p - 1}$,为 $AR(1)$ 过程:

$$\ln\mu_t^p = (1-\rho_{\mu^p})\ln\mu^p + \rho_{\mu^p}\ln\mu_{t-1}^p + \varepsilon_t^{\mu^p} \tag{5.32}$$

其中,$\rho_{\mu^p} \in (-1,1)$,μ^p 为稳态时的价格加成比例,$\varepsilon_t^{\mu^p}$ 是具有 0 均值、标准误为 σ_{μ^p} 的 $i.i.d.$ 正态分布。

5.2.3 金融中介机构的利润最大化行为

金融中介机构的贷款资金来自于家庭的储蓄 D_t 和中央银行对其的一次性转移支付 Δ_t。总贷款为各中间产品厂商的贷款之和,即 $L_t = \int L_t(i)di = \int P_t \chi_t(i)di$。金融中介机构的资金并不能全部用来发放贷款,即有 $L_t \leqslant \zeta_t(D_t+\Delta_t), \zeta_t \in [0,1]$,表示金融中介机构吸纳的资金中可以用于放贷的部分。只要贷存款利差为正,金融中介机构会将其法定储备之外的资金全部用于放贷,则上述贷款约束取"="。其中

$$\zeta_t = (Y_t/Y)^\tau S_t$$

(5.33)

(5.33)式说明贷款是内生的,取决于经济的状态。如果贷款弹性参数 $\tau>0$,则贷款意愿为顺周期的,即经济状况良好,厂商的现金流和净利润相对较高,从而金融中介机构更愿意发放贷款。贷款冲击 S_t 为 $AR(1)$ 过程:

$$\ln S_t = (1-\rho_s)\ln S + \rho_s \ln S_{t-1} + \varepsilon_t^s$$

(5.34)

其中 $\rho_s \in (0,1)$,稳态时 $s>0$, ε_t^s 是具有 0 均值、标准误为 σ_s 的 $i.i.d.$ 正态分布。则金融中介机构的利润为:

$$\begin{aligned}\prod{}^F &= R_t^L L_t + D_t + \Delta_t - L_t - R_t D_t \\ &= (R_t^L - 1) \cdot \zeta_t(D_t+\Delta_t) - (R_t-1)D_t + \Delta_t\end{aligned}$$

由利润最大化得到一阶条件:

$$(R_t^L - 1)\zeta_t = R_t - 1$$

(5.35)

5.2.4 中央银行的政策行为

定义货币供应量增长率 $\theta_t = M_t/M_{t-1}$,则假设我国中央银行实施货币政策采用弗里德曼规则,即如下简单货币供应量规则:

$$\ln\theta_t = (1-\rho_\theta)\ln\theta + \rho_\theta\ln\theta_{t-1} + \varepsilon_t^\theta$$
(5.36)

其中 $\rho_\theta \in (-1,1)$，稳态时货币增长率 θ 等于 1，ε_t^θ 是具有 0 均值、标准误为 σ_θ 的 $i.i.d.$ 正态分布。

5.2.5 对称均衡与对数线性化模型

对称均衡时，对于 $t=0,1,2\cdots$，所有家庭的决策是一致的：制定相同的最优工资、积累同样的资本、持有相同的储蓄、同等的消费等。同时，所有厂商的决策也是相同的，则有 $P_t(i)=P_t$，$Y_t(i)=Y_t$，$N_t(i)=N_t$，$K_t(i)=K_t$，$\chi_t(i)=\chi_t$，且厂商获得同等的零利润。此外，市场均衡要求对于任何 $t=0,1,2\cdots$，$D_t=D_{t-1}=0$ 和 $M_t=M_{t-1}$，从而由预算约束(5.4)式得到总资源约束方程：

$$Y_t = C_t + I_t + \chi_t$$
(5.37)

稳态时，对于任何 $t=0,1,2\cdots$，所有的变量均为常数，即 $Y_t=Y$，$C_t=C$，$N_t=N$，$W_t=W$，$L_t=L$，$M_t=M$，$K_t=K$，$I_t=I$，$P_t=P$，$\chi_t=\chi$，$R_t^k=R^k$，$R_t^L=R^L$，$R_t=R$，$\pi_t=\pi=1$，$A_t=A=1$，$\mu_t^p=\mu^p$，$\mu_t^w=\mu^w$，$v_t=v$，$\theta_t=\theta=1$，$s_t=s$，$z_t=z$。相应地，定义 $\hat{x}_t = \ln(X_t/X)$ 为变量 X_t 对其稳态值 X 偏离的百分比，则对数线性化形式的模型如下：

由(5.7)式、(5.8)式和(5.9)式得到货币需求方程：

$$\frac{1}{\gamma}\hat{m}_t = \frac{1}{\sigma(1-h)}(\hat{c}_t - h\hat{c}_{t-1}) - \frac{\beta}{1-\beta}\hat{r}_t + v_t$$
(5.38)

(5.38)式说明货币需求与名义利率成反方向变化，与当期消费同方向变化,并受外生货币需求冲击的影响。

消费的欧拉方程,则由(5.7)式和(5.9)式得到:

$$\hat{c}_t = \frac{1}{1+h}E_t\{\hat{c}_{t+1}\} + \frac{h}{1+h}\hat{c}_{t-1} + \frac{\sigma(1-h)}{1+h}$$
$$(-\hat{r}_t + E_t\{\hat{\pi}_{t+1}\} - E_t\{\hat{b}_{t+1} - \hat{b}_t\})$$

(5.39)

当 $h=0$ 时,上式即转化为传统的前瞻性的消费方程。外生习惯形成的存在,使得当期消费取决于过去和未来消费的加权平均。

资本投资价值方程由(5.9)式、(5.10)式和(5.11)式得到:

$$\hat{q}_t = \beta(1-\delta)E_t\{\hat{q}_{t+1}\} - \hat{r}_t + E_t\{\hat{\pi}_{t+1}\} + (1-\beta(1-\delta))E_t\{\hat{r}^k_{t+1}\}$$

(5.40)

投资方程由(5.12)式得到:

$$\hat{i}_t = \frac{\beta}{1+\beta}E_t\{\hat{i}_{t+1}\} + \frac{1}{1+\beta}\hat{i}_{t-1} + \frac{\psi}{1+\beta}\hat{q}_t + \frac{1}{1+\beta}E_t\{\beta\hat{z}_{t+1} - \hat{z}_t\}$$

(5.41)

其中 $\psi = 1/s''(\cdot)$,正数,为投资调整成本参数。一个正的投资调整成本冲击即负的投资冲击将降低投资。

由(5.11)式可得到对数线性化的实际资本使用价格与资本利用率的关系:

$$\hat{r}^k_t = \hat{u}_t/\psi_u$$

(5.42)

其中,$\psi_u = f'(1)/f''(1)$,为资本利用成本参数。

生产函数的对数线性化形式由(5.24)式和(5.42)式得到:

$$\hat{y}_y = \eta\hat{\chi}_t + \alpha(1-\eta)(\hat{k}_t + \psi_u\hat{r}^k_t) + (1-\eta)(\hat{a}_t + (1-\alpha)\hat{n}_t)$$

(5.43)

资本演进方程(5.5)对数线性化为：

$$\hat{k}_{t+1}=(1-\delta)\hat{k}_t+\delta\hat{i}_t$$

(5.44)

由(5.17)式和(5.19)式得到实际工资决定方程：

$$\hat{w}_t=\frac{1}{1+\beta}(\hat{w}_{t-1}-\hat{\pi}_t)+\frac{\beta}{1+\beta}E_t\{\hat{w}_{t+1}+\hat{\pi}_{t+1}\}+\frac{(1-\beta\xi_w)(1-\xi_w)}{(1+\beta)\xi_w}$$

$$\cdot\left(\hat{\mu}_t^w+\frac{1}{\varphi}\hat{n}_t+\frac{1}{\sigma(1-h)}(\hat{c}_t-h\hat{c}_{t-1})-\hat{w}_t-\hat{b}_t\right)$$

(5.45)

同样地，通货膨胀方程由(5.23)式、(5.26)式和(5.31)式得到：

$$\hat{\pi}_t=\beta E_t\{\hat{\pi}_{t+1}\}+\frac{(1-\beta\xi_p)(1-\xi_p)}{\xi_p}$$

$$\cdot\{(\eta-1)\hat{a}_t+(1-\eta)[\alpha\hat{r}_t^k+(1-\alpha)\hat{w}_t]+\eta\hat{r}_t^L+\hat{\mu}_t^p\}$$

(5.46)

上式即为新凯恩斯主义的菲利普斯曲线：通货膨胀取决于预期通货膨胀和当期实际边际成本，还取决于价格加成冲击。

产品市场均衡条件即总资源约束方程(5.37)式可对数线性化为：

$$\hat{y}_t=c_y\hat{c}_t+i_y\hat{i}_t+(1-c_y-i_y)\hat{\chi}_t$$

(5.47)

劳动需求方程由(5.27)和(5.42)得到：

$$(\alpha+\eta(1-\alpha))\hat{n}_t=\eta(\hat{\chi}_t+\hat{r}_t^L)+\alpha(1-\eta)(\hat{k}_t+(1+\psi_u)\hat{r}_t^k)$$
$$+(-\alpha+\eta(\alpha-1))\hat{w}_t$$

(5.48)

对数线性化的 $\chi_t(i)$ 需求方程由(5.28)式得到：

$$\hat{\chi}_t = \alpha(1+\psi_u)\hat{r}_t^k + \alpha\hat{k}_t + (1-\alpha)(\hat{w}_t + \hat{n}_t) - \hat{r}_t^l$$

(5.49)

金融中介机构的 3 个方程(5.33)～(5.35)式对数线性化为(5.50)～(5.52)式：

$$\hat{\zeta}_t = \tau\hat{y}_t + \hat{s}_t$$

(5.50)

$$\hat{s}_t = \rho_s \hat{s}_{t-1} + \varepsilon_t^s$$

(5.51)

$$\hat{\zeta}_t + \frac{R^L}{R^L-1}\hat{r}_t^L = \frac{1}{1-\beta}\hat{r}_t$$

(5.52)

中央银行的政策规则对数线性化为如下两式：

$$\hat{\theta}_t = \hat{m}_t - \hat{m}_{t-1} + \hat{\pi}_t$$

(5.53)

$$\hat{\theta}_t = \rho_\theta \hat{\theta}_{t-1} + \varepsilon_t^\theta$$

(5.54)

模型中所包含的其他 6 个冲击,即方程(5.2)、(5.3)、(5.6)、(5.20)、(5.25)、(5.32)的对数线性化形式为(5.55)～(5.60)式：

$$\hat{b}_t = \rho_b \hat{b}_{t-1} + \varepsilon_t^b$$

(5.55)

$$\hat{v}_t = \rho_v \hat{v}_{t-1} + \varepsilon_t^v$$

(5.56)

$$\hat{z}_t = \rho_z \hat{z}_{t-1} + \varepsilon_t^z$$

(5.57)

$$\hat{\mu}_t^w = \rho_{\mu^w} \hat{\mu}_{t-1}^w + \varepsilon_t^{\mu^w} \tag{5.58}$$

$$\hat{a}_t = \rho_a \hat{a}_{t-1} + \varepsilon_t^a \tag{5.59}$$

$$\hat{\mu}_t^p = \rho_{\mu^p} \hat{\mu}_{t-1}^p + \varepsilon_t^{\mu^p} \tag{5.60}$$

上述方程(5.38)~(5.41),(5.43)~(5.60)构成了 DSGE 模型的对数线性化形式,下文第三部分的参数估计和第四部分的脉冲响应分析都是基于该对数线性化的 DSGE 模型进行的。

5.3 数据和模型估计

5.3.1 数据及其处理

本文数据来自于 CCER 和中经统计网,数据长度为 1992 年 1 季度至 2009 年 2 季度,分别以国内生产总值 GDP、社会消费品零售总额、个人 3 个月期定期存款利率、城镇单位从业人员数、金融机构各项贷款、货币供应量 M2、全部从业人员劳动报酬作为模型中产出 Y、消费 C、名义利率 R、劳动 N、贷款-储蓄比 ζ、货币余额 M 以及工资 W 的替代变量。通货膨胀 $\pi(\pi_t = p_t/p_{t-1})$ 是以环比的居民消费价格指数 CPI 作为价格 P 的替代变量计算得到。此外,将居民消费价格指数 CPI 以 1992 年 1 季度作为基期进行定基处理(原始数据为环比 CPI,因此定基 CPI 的具体算法是将 1992 年 1 季度的 CPI 设定为 100,则之后各期定基 CPI 等于本期环比 CPI

乘以上一期定基 CPI 再除以 100 得到。),然后将产出、消费、贷款、M2、工资等 5 个名义数据除以定基 CPI,从而得到观测变量产出 Y、消费 C、贷款－储蓄比 ζ、货币需求 M、工资 W 的实际值。随后采用 BP 滤波方法对全部 8 个观测变量进行了退势(de-trending)和季节调整处理,保留各观测变量周期为 6～32 个季度的分量,去掉了周期小于 6 个季度和大于 32 个季度的分量,处理结果见图 5.1,以各观测变量对其稳态值偏离的百分比来表示。

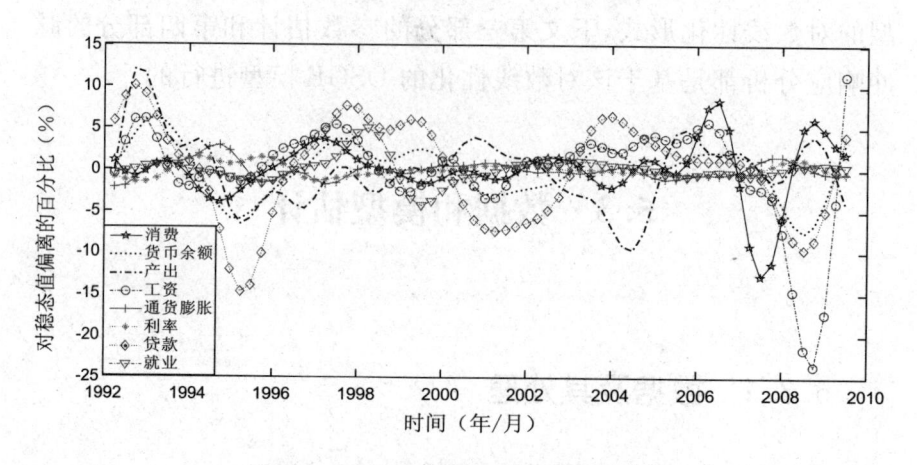

图 5.1 观测变量的 BP 滤波处理

5.3.2 贝叶斯参数估计方法

本文将采用贝叶斯方法估计第二部分的线性化 DSGE 模型参数。该方法结合似然函数和模型参数的先验分布(prior distribution)形成后验分布(posterior distribution)密度函数。线性 DSGE 模型的估计既可以通过将该后验分布关于模型参数直接最小化来进行,也可以采用蒙特卡洛马尔科夫链(MCMC)抽样的方法最优化后验分布。

具体地，对数线性化 DSGE 模型，即上文方程(5.28)~(5.31)，(5.33)~(5.44)解的状态空间形式为：

$$x_t = Fx_{t-1} + D\varepsilon_t$$

$$X_t = Hx_t$$

其中 $x_t = [\hat{y}_t, \hat{c}_t, \hat{i}_t, \hat{\chi}_t, \hat{k}_t, \hat{r}_t, \hat{r}_t^L, \hat{n}_t, \hat{m}_t, \hat{\zeta}_t, \hat{\pi}_t, \hat{w}_t, \hat{q}_t, \hat{z}_t, \hat{\theta}_t, \hat{a}_t, \hat{s}_t, \hat{b}_t, \hat{v}_t, \hat{r}_t^k, \hat{\mu}_t^p, \hat{\mu}_t^w]'$，观测变量 $X_t = [\hat{\zeta}_t, \hat{c}_t, \hat{i}_t, \hat{n}_t, \hat{r}_t, \hat{m}_t, \hat{\pi}_t, \hat{w}_t]'$，外生随机扰动项 $\varepsilon_t = [\varepsilon_t^b, \varepsilon_t^a, \varepsilon_t^z, \varepsilon_t^v, \varepsilon_t^\theta, \varepsilon_t^s, \varepsilon_t^{\mu^p}, \varepsilon_t^{\mu^w}]'$，系数矩阵 F、D、H 依赖于模型结构参数。则卡尔曼(Kalman)滤波基于 ε_t 的正态分布得到如下似然函数(具体推导见 Hamilton(1994))：

$$L(X_t | \theta) = (2\pi)^{-\frac{n}{2}} |Q_{t|t-1}|^{-\frac{1}{2}} \cdot$$

$$\exp\left[-\frac{1}{2}(X_t - X_{t|t-1})' Q_{t|t-1}^{-1} (X_t - X_{t|t-1})\right]$$

其中 $X_{t|t-1} = Hx_{t|t-1}$，$Q_{t|t-1} = E(X_t - X_{t|t-1})(X_t - X_{t|t-1})'$，观测变量集 $X \equiv \{X_t\}_{t=1}^T$。

则给定结构参数的先验分布 $p(\theta)$，观测变量集 X 和模型结构参数集 θ 的联合分布为：

$$p(X, \theta) = L(X | \theta) \cdot p(\theta)$$
$$= p(\theta | X) \cdot p(X)$$

从而可得参数的后验分布为：

$$p(\theta | X) = L(X | \theta) \cdot p(\theta) / p(X)$$

下文参数的估计值是通过运用 DYNARE 工具箱，在 MATLAB-7.7 环境中通过运用蒙特卡洛马尔科夫链(MCMC)抽样的方法计算得到的。

5.3.3 参数估计结果

由于受可得数据个数的限制,模型中的参数不可能全部通过估计得到,部分结构参数需要校准得到。随机贴现因子 β 在已有文献中均采用校准的方法得到,如 Ireland(1997,2004)、Smets & Wouters(2003)将 β 值校准为 0.99。根据我国个人 3 个月期定存利率样本期内的均值 3.06257%,将 β 值校准为 0.9703(因为由 (5.9)可知稳态时 $\beta=1/R$)。根据我国 1 年期贷款利率在样本期的均值近似除以 4 得到季度的贷款利率的稳态值,即 R^L 的校准值为 1.0187(R^L 在模型中是本息和的含义)。根据我国全部从业人员劳动报酬占 GDP 的比重,将资本份额 α 校准为 0.41。Basu(1995)和 Huang et al.(2004)的研究认为,生产函数的份额参数 η 取值在 0.2 至 0.6 之间,因此本文将其校准为 0.2。资本折旧率 δ 校准为 0.025,意味着年折旧率为 10%(见 Ireland(1997)、CEE(2003)等)。根据样本期内消费、投资、GDP 的均值,得到参数 c_y、i_y 的校准值分别为 0.3684 和 0.3747。根据 Smets & Wouters(2003),将投资调整成本参数 ψ 和资本利用参数 ψ_u 分别校准为 0.148 和 0.169。而模型中其余 23 个参数则由贝叶斯估计方法得到。这些参数的先验分布(prior distribution)如下:8 个外生冲击的标准误服从转置伽马分布,外生冲击持久性参数服从均值为 0.85、标准误为 0.1 的贝塔分布,消费的跨期替代弹性 σ、货币需求弹性 γ、劳动供给弹性 φ、贷款—储蓄参数 τ 均服从正态分布,而消费习惯参数、两个名义粘性参数服从贝塔分布[①]。表 5.1 和表 5.2 分别为校准的参数值和估计的参数值。

---

① 参数的先验分布形态参考 Smets & Wouters(2003)。

第5章 信贷、货币供应量传导实证研究

表 5.1 参数校准值

参数	β	δ	α	ψ	η	ψ_u	R^L	c_y	i_y
校准值	0.9703	0.025	0.41	0.148	0.2	0.169	1.0187	0.3684	0.3747

表 5.2 贝叶斯参数估计值

参数	估计值	标准误	参数	估计值	标准误
ρ_a	0.8365	0.0394	σ_a	0.0288	0.0024
ρ_b	0.7994	0.0527	σ_b	0.0929	0.0156
ρ_z	0.9034	0.0692	σ_z	0.1012	0.0362
ρ_{μ^p}	0.8642	0.0444	σ_{μ^p}	0.0717	0.0190
ρ_{μ^w}	0.9443	0.0477	σ_{μ^w}	0.1012	0.0728
ρ_θ	0.6629	0.0494	σ_θ	0.0051	4.4806e-04
ρ_v	0.8553	0.0516	σ_v	0.1143	0.0113
ρ_s	0.9208	0.0386	σ_s	0.0271	0.0026
σ	0.4011	0.0270	h	0.5879	0.0531
φ	1.6046	0.4914	γ	0.1986	0.0387
ξ_p	0.8406	0.0254	ξ_w	0.7427	0.1329
τ	1.1204	0.0987			

由图 5.2 至图 5.4 的结构参数的先验后验分布图可以看出，模型结构参数的后验分布基本都服从正态分布，说明贝叶斯的参数估计较为成功。结构参数的贝叶斯估计值中，除了工资加成冲击波动性参数外，其余参数的估计值在统计上都是显著的。消费跨期替代弹性 σ 的估计值为 0.4011，外生习惯形成参数 h 为 0.5879，货币需求的利率弹性 γ 的估计值为 0.1986，劳动供给弹性 φ 的估计值为 1.6046。贷款—储蓄参数 τ 的估计值为 1.1204，

小于 Atta-Mensah & Dib(2008)校准的 1.477。参数不制定最优价格的概率 ξ_p 与不制定最优工资的概率 ξ_w 的估计值分别为 0.8406、0.7427，这意味着价格和工资的粘性(即持久期)分别为 6.3 和 3.9 个季度，即 1.6 年和 1 年。而 Smets & Wouters(2003)所估计的欧元区的价格粘性和工资粘性分别为 2.5 年和 1 年。

8 个外生冲击持久性参数的估计值基本都在 0.8 以上(除了货币供应量冲击的持久性为 0.6629)，较大，说明这 8 个外生冲击对我国经济的影响较为持久，第四部分的脉冲响应分析也说明了外生冲击的影响较为持久(经济对冲击的响应基本都在较长时期之后才恢复到 0 值)。而且外生冲击标准误的估计值都显著大于它们的标准误，说明这 8 个外生冲击在很大程度上解释了观测变量的波动。此外，货币供应增长率冲击的标准误 σ_θ 为 0.0051，较小，说明货币增长的波动性较小，在一定程度上说明了本文假设我国货币政策遵循货币供应量规则是合理的。

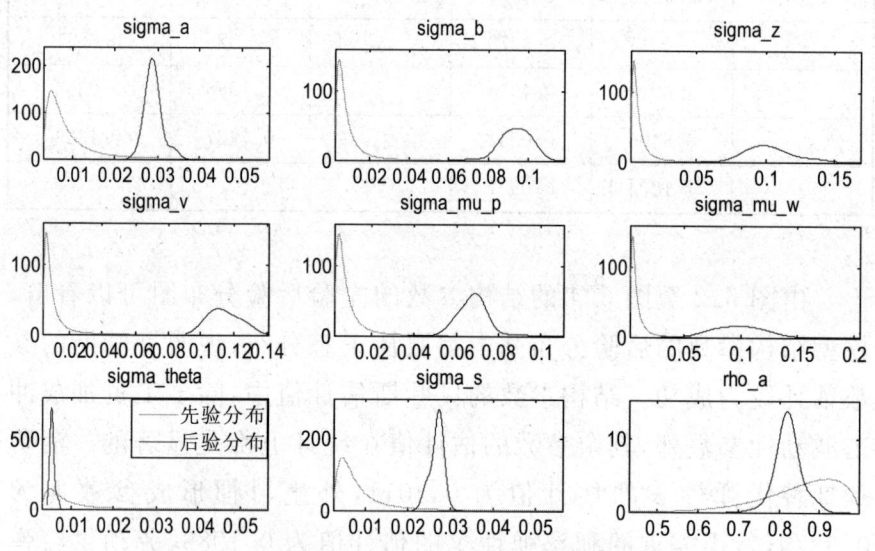

图 5.2　模型结构参数的先验和后验分布(上)

图 5.3　模型结构参数的先验和后验分布（中）

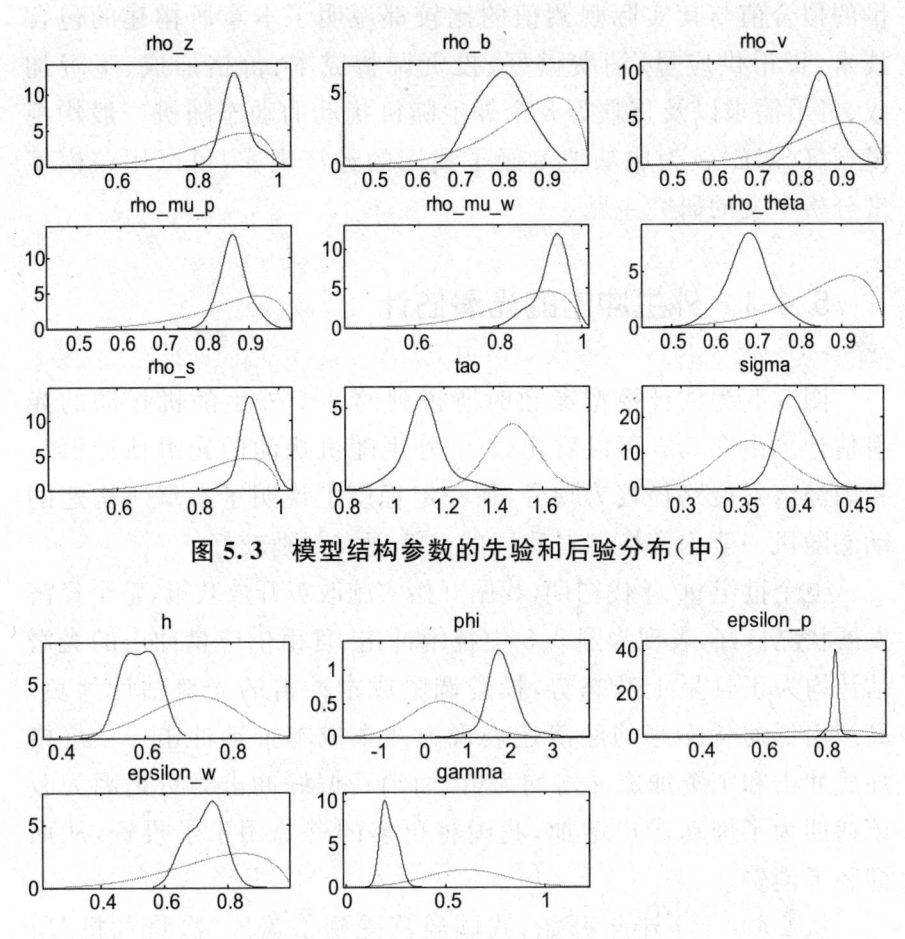

图 5.4　模型结构参数的先验和后验分布（下）

5.4　DSGE 模型适用性分析

本节外生冲击的光滑估计以及基于反事实仿真的产出、消费、M2、工资、贷款、利率、通货膨胀以及就业人数等 8 个观测变量的拟合值与其实际观测值的比较都说明了本章所构建的包含技术、货币供应量、消费偏好、投资调整成本、价格加成、工资加成、货币需求以及贷款等8个外生随机扰动的动态随机一般均衡模型(DSGE)较为成功地刻画了我国的经济现实,可以用该模型来分析本文的研究主题。

5.4.1 外生冲击的光滑估计

图 5.5 为估计模型参数时所得到的 8 个外生随机扰动的光滑估计。由图 5.5 可以看出,8 个外生随机扰动的光滑估计值与我国经济发展路径较为吻合,在一定程度上说明了本章所构建的动态随机一般均衡模型对我国的经济现实刻画较好。

上个世纪 90 年代初期,我国开始实施改革开放政策,整个经济发展状况良好,表现为图 5.5 中技术冲击、货币供应量冲击的光滑估计均为正且呈上升态势,投资调整成本冲击的光滑估计为负。高产出低通货膨胀的经济还表现为两个成本推动冲击——价格加成冲击和工资加成冲击均为负,而消费偏好冲击为负是因为改革初期为了推动产出增加,我国将更多的资源用于了投资,从而抑制了消费。

从 2008 年下半年开始,我国经济受到了美国"次贷危机"所导致的全球经济状况恶化的不良影响,经济增长放缓、投资下降、物价下跌等,表现为技术冲击的光滑估计下降、投资调整成本冲击的光滑估计为正且上升(这意味着投资是下降的)、消费偏好冲击的光滑估计下降以及价格加成冲击的光滑估计下降,工资加成冲击的光滑估计为正是因为我国之前的工资制度改革推动了工资水平的上升。为了应对金融危机对我国经济的负面影响,我国实施宽松的货币政策,因此货币供应量冲击和贷款冲击的光滑估计均为正且呈上升态势。

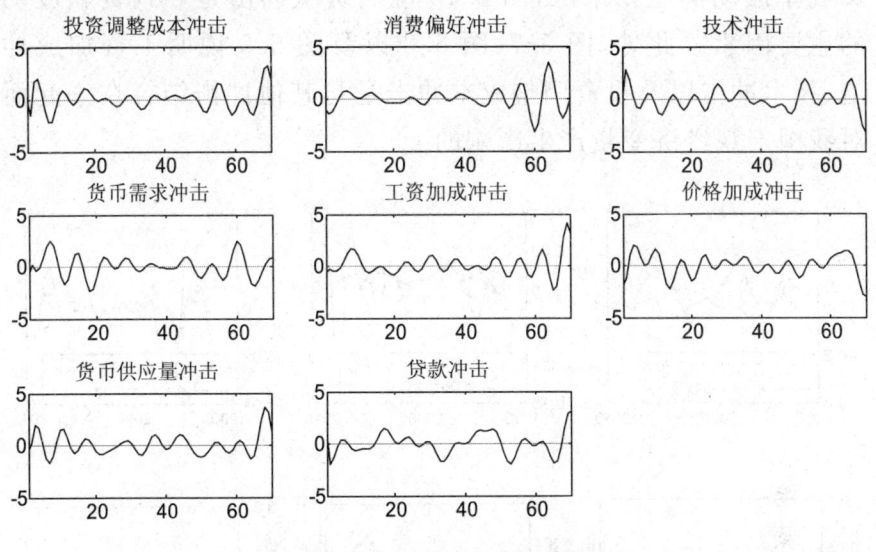

图 5.5 外生冲击的光滑估计

5.4.2 反事实仿真的观测变量拟合值与实际值的比较

图 5.6 至图 5.14 为通过反事实仿真所得到的消费、投资、通货膨胀、M2、实际工资、名义利率、贷款以及就业等 8 个观测变量的拟合值与其实际观测值的比较。

图 5.6 至图 5.13 为仅有单个外生随机冲击时反事实仿真得到的观测变量的拟合值与其实际值的比较，由图可以看出，在仅有价格加成冲击时(图 5.6)，反事实仿真的 M2 的拟合值与其实际观测值比较接近，因而可以说价格加成冲击是导致实际货币余额 M2 波动的主要因素。类似地，图 5.10 说明消费偏好冲击是导致我国消费波动的主要因素，图 5.11 说明货币供应量冲击是

货币政策传导机制：数理建模与实证

导致通货膨胀波动的主要因素，图5.12说明货币需求冲击是名义利率波动的主要来源，图5.13说明贷款冲击是导致贷款波动的主要因素。此外，图5.7、图5.8以及图5.9说明工资加成冲击、技术冲击以及投资调整成本冲击是与其他冲击结合在一起而对我国宏观经济变量产生影响的。

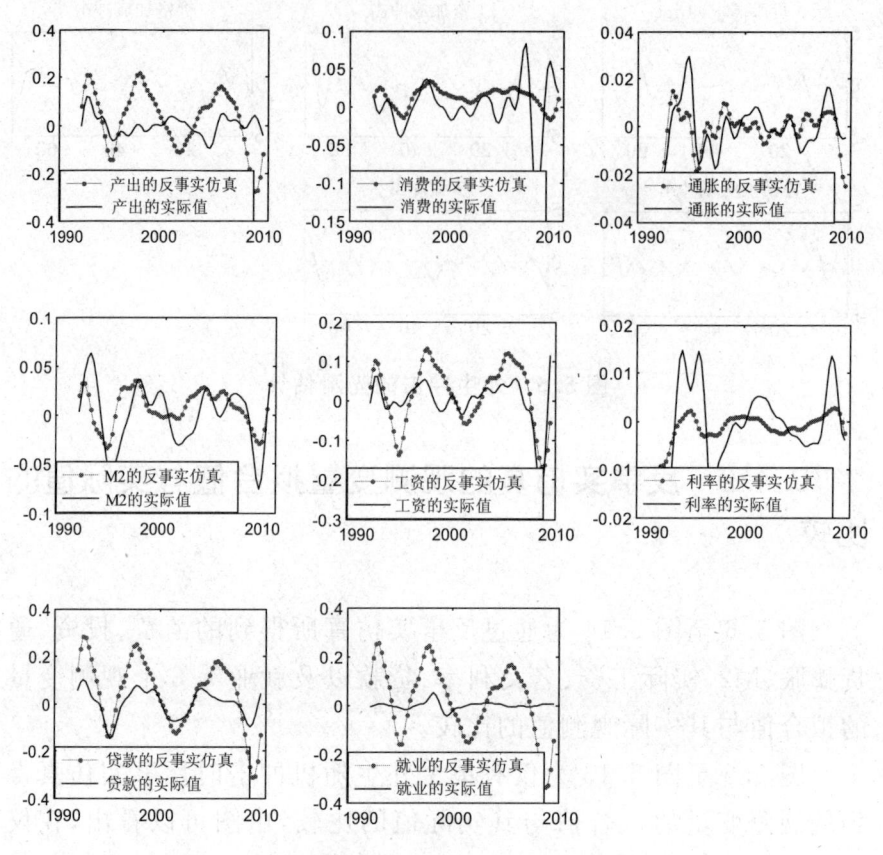

图5.6 仅有价格加成冲击时观测变量的反事实仿真拟合值与实际值的比较

第5章 信贷、货币供应量传导实证研究

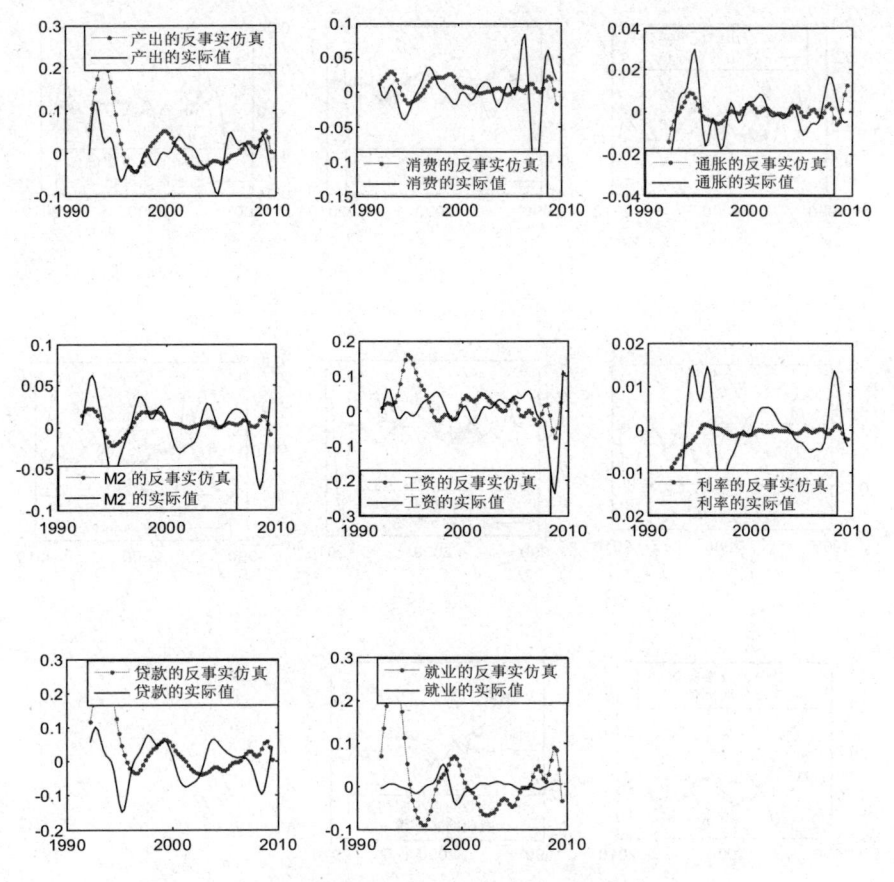

图 5.7 仅有工资加成冲击时观测变量的反事实仿真拟合值与实际值的比较

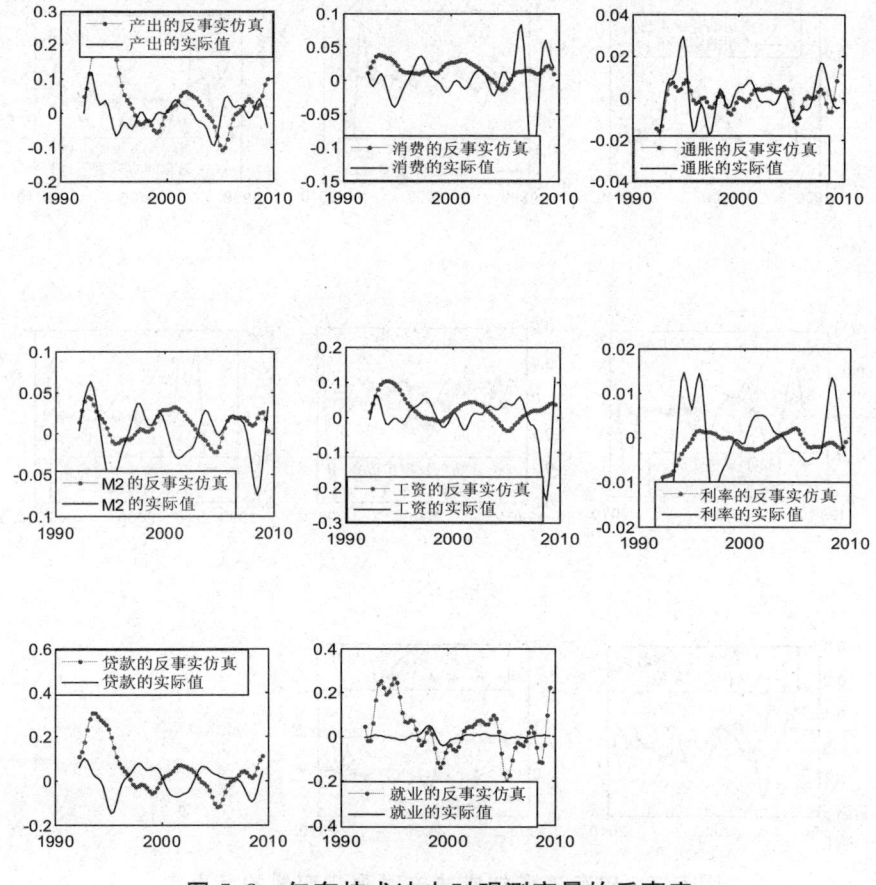

图 5.8 仅有技术冲击时观测变量的反事实仿真拟合值与实际值的比较

第 5 章 信贷、货币供应量传导实证研究

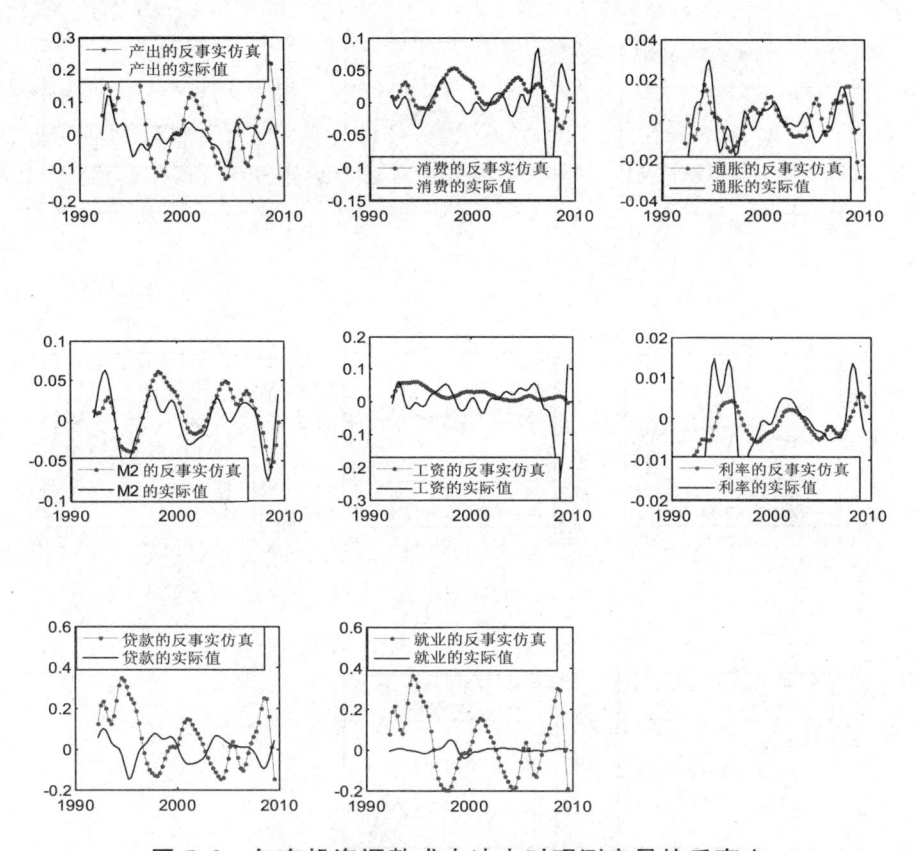

图 5.9 仅有投资调整成本冲击时观测变量的反事实仿真拟合值与实际值的比较

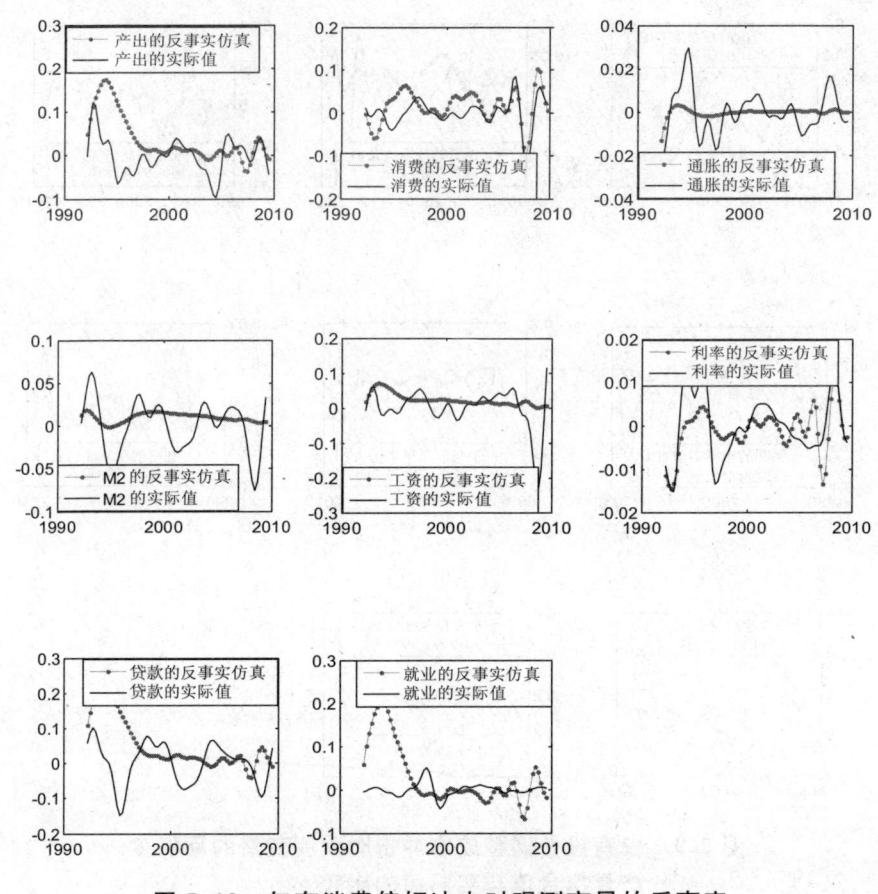

图 5.10 仅有消费偏好冲击时观测变量的反事实仿真拟合值与实际值的比较

第 5 章 信贷、货币供应量传导实证研究

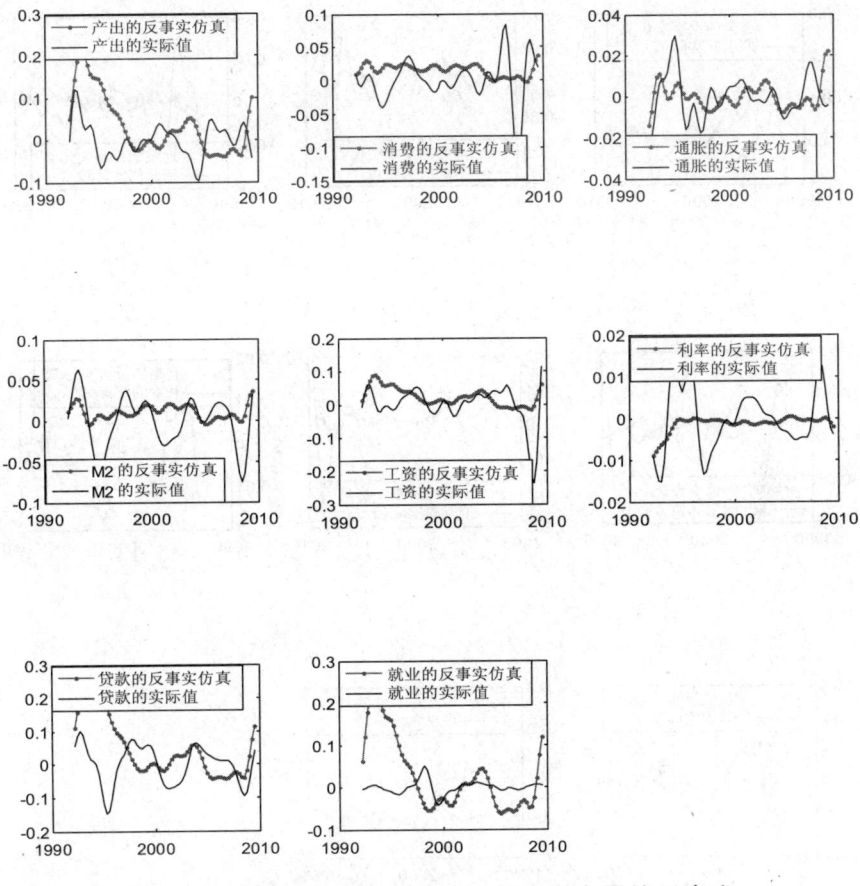

图 5.11 仅有货币供应量冲击时观测变量的反事实仿真拟合值与实际值的比较

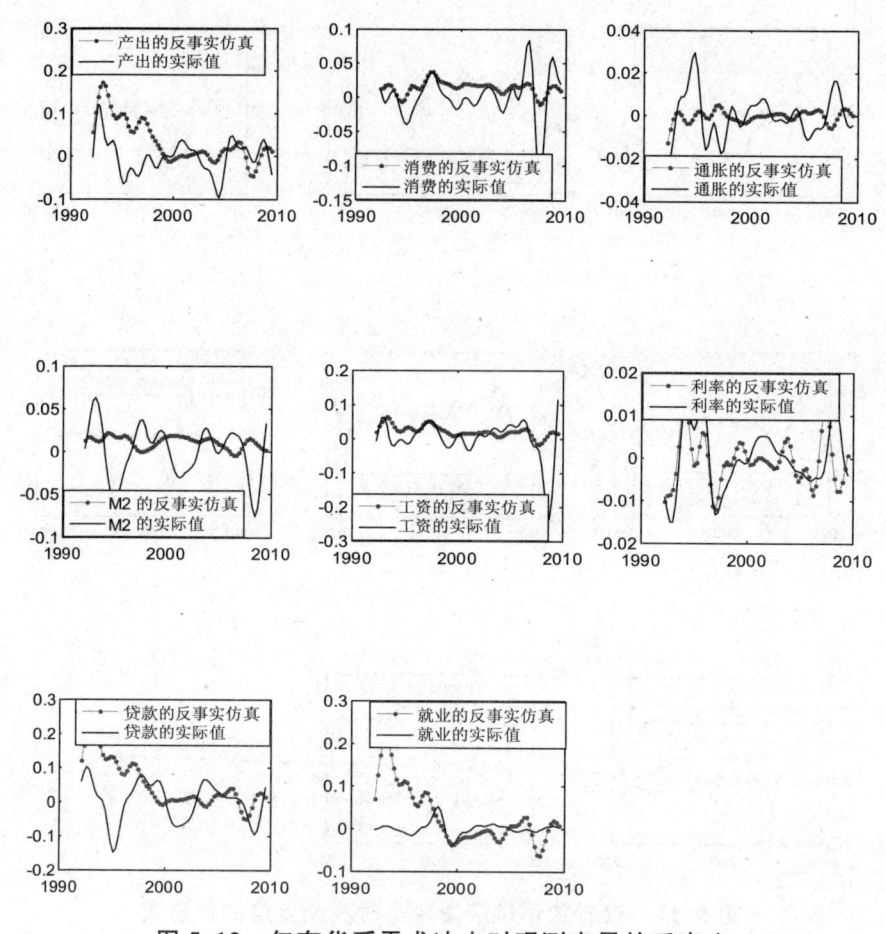

图 5.12 仅有货币需求冲击时观测变量的反事实仿真拟合值与实际值的比较

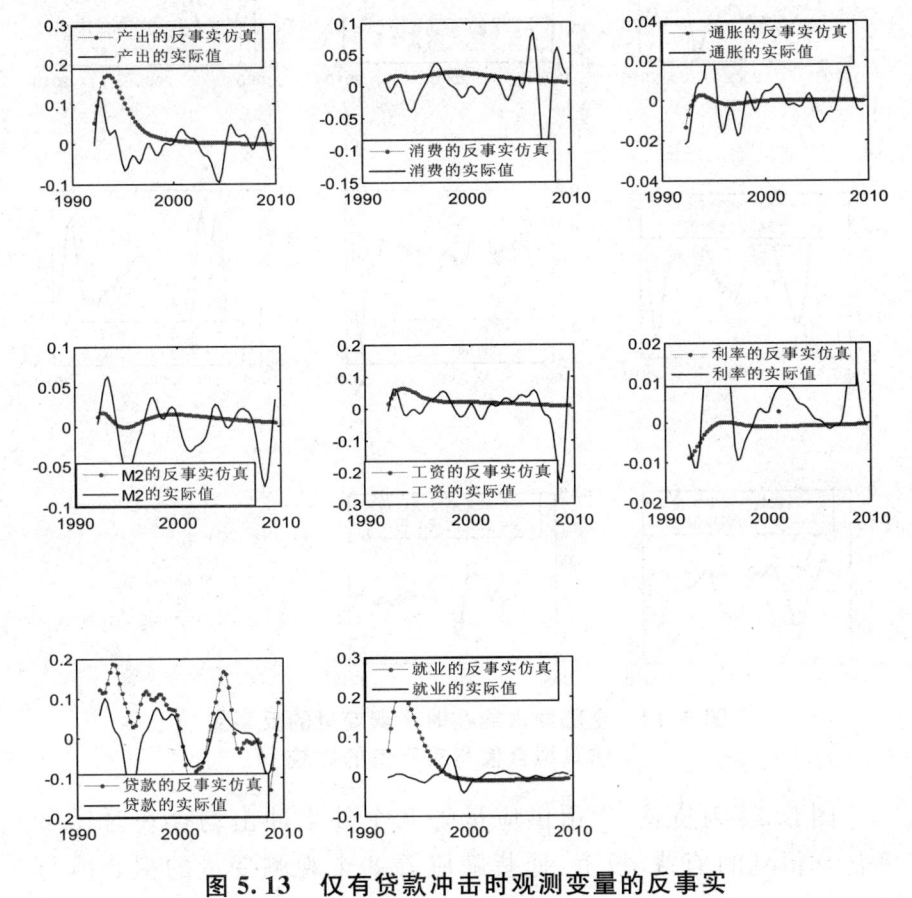

图 5.13 仅有贷款冲击时观测变量的反事实仿真拟合值与实际值的比较

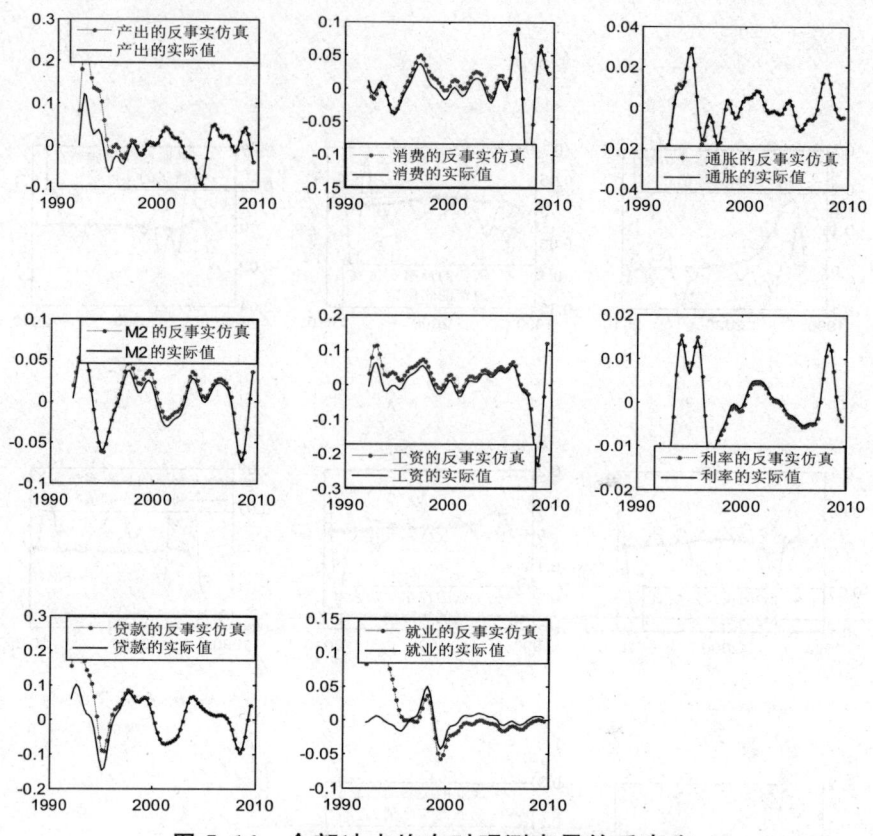

图 5.14　全部冲击均在时观测变量的反事实仿真拟合值与实际值的比较

图 5.14 为贷款、货币供应量等 8 个外生冲击均存在时反事实仿真得到的消费、投资、通货膨胀等 8 个观测变量的拟合值与其实际观测值的比较，由图可以看出，这 8 个观察变量的拟合值与它们的实际观测值基本一致，从而说明包含信贷、货币供应量、消费偏好、投资调整成本、价格加成、工资加成、技术以及货币需求等 8 个随机扰动的动态随机一般均衡模型对我国的经济刻画较好，对现实具有较强的解释能力，因此可以用来分析信贷和货币供应量等在我国经济中的传导途径。

第5章 信贷、货币供应量传导实证研究

5.5 外生冲击传导的脉冲响应分析

本部分将根据上文所估计的DSGE模型运用脉冲响应分析贷款、货币供应量、消费偏好、投资调整成本、价格加成、工资加成、技术以及货币需求等8个外生冲击是如何影响我国经济的。图5.15至图5.22均为一个标准误正向冲击的脉冲响应。

5.5.1 货币供应量冲击传导

图5.15为增加货币供给,即扩张货币政策情形下的脉冲响应。货币扩张导致产出、消费、投资、劳动需求、通货膨胀、实际货币需求、贷款、资本投资价值、资本使用价格、实际工资增加,而贷款利率下降。名义利率上升说明不存在流动性效应;而名义利率与通货膨胀正相关,说明费雪效应存在。货币供给增加一方面导致消费增加;另一方面,资本使用价格进而资本投资价值上升,从而投资增加(由(5.40)式、(5.41)式可知);且贷款增加导致了作为中间投入品的最终产品 χ 的增加。由(5.47)式可知,产出正向取决于消费、投资和作为中间投入品的最终产品,因而正的货币供应量冲击所导致的消费、投资等的增加最终导致了产出的增加,且消费在产出增加中所起的作用较小,因为由图5.15可知消费对冲击的响应值远远小于投资的。[①] 此外,由(5.46)式可知,通

[①] 图5.15~5.22省去了作为中间投入品的最终产品对冲击的响应,但图5.15中冲击对它的影响也是正的。

货膨胀上升的原因在于实际工资和资本使用价格的上升。则货币供应量冲击的传导机制可概括为：货币供应量↑→消费↑、投资↑、投入品 χ↑→产出↑。

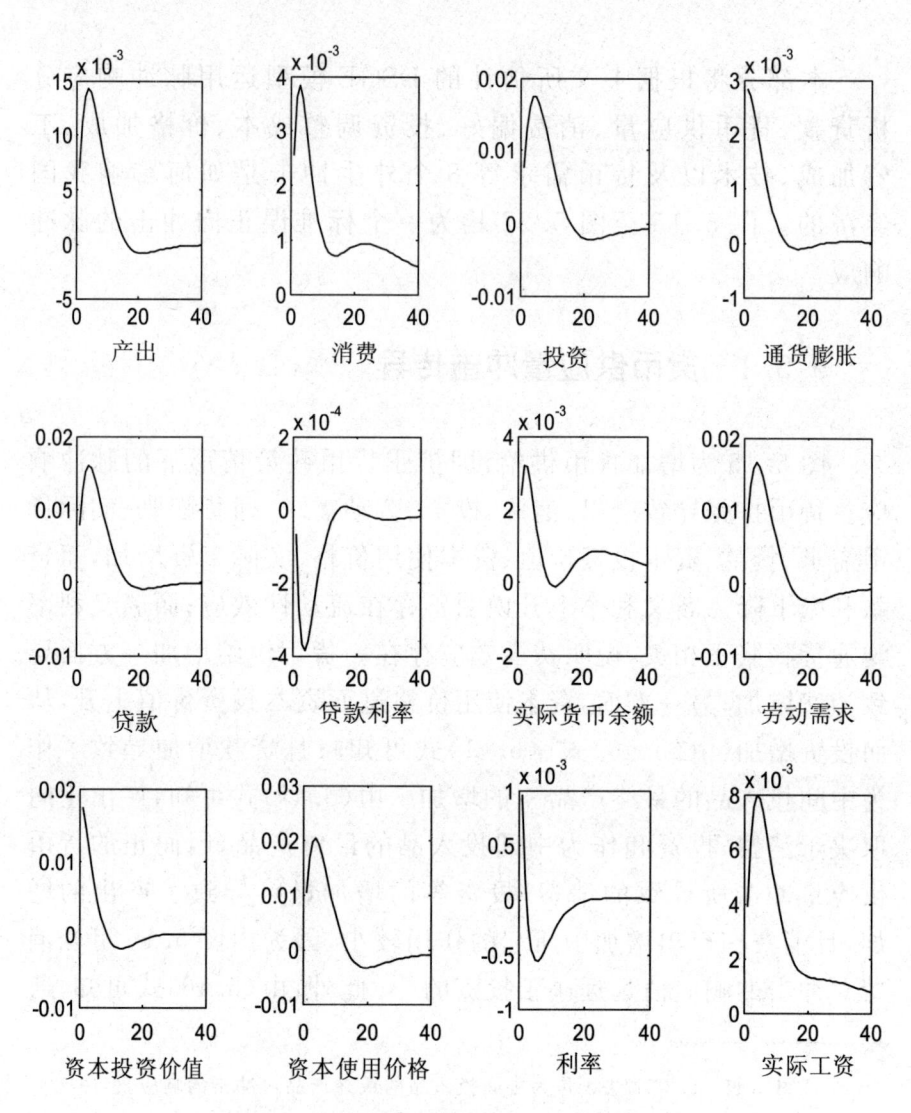

图5.15 货币供应量冲击的脉冲响应

5.5.2 投资调整成本冲击传导

图 5.16 为正的投资调整成本冲击,即负的投资冲击的脉冲响应。正的投资调整成本冲击导致投资、产出、名义利率、通胀、

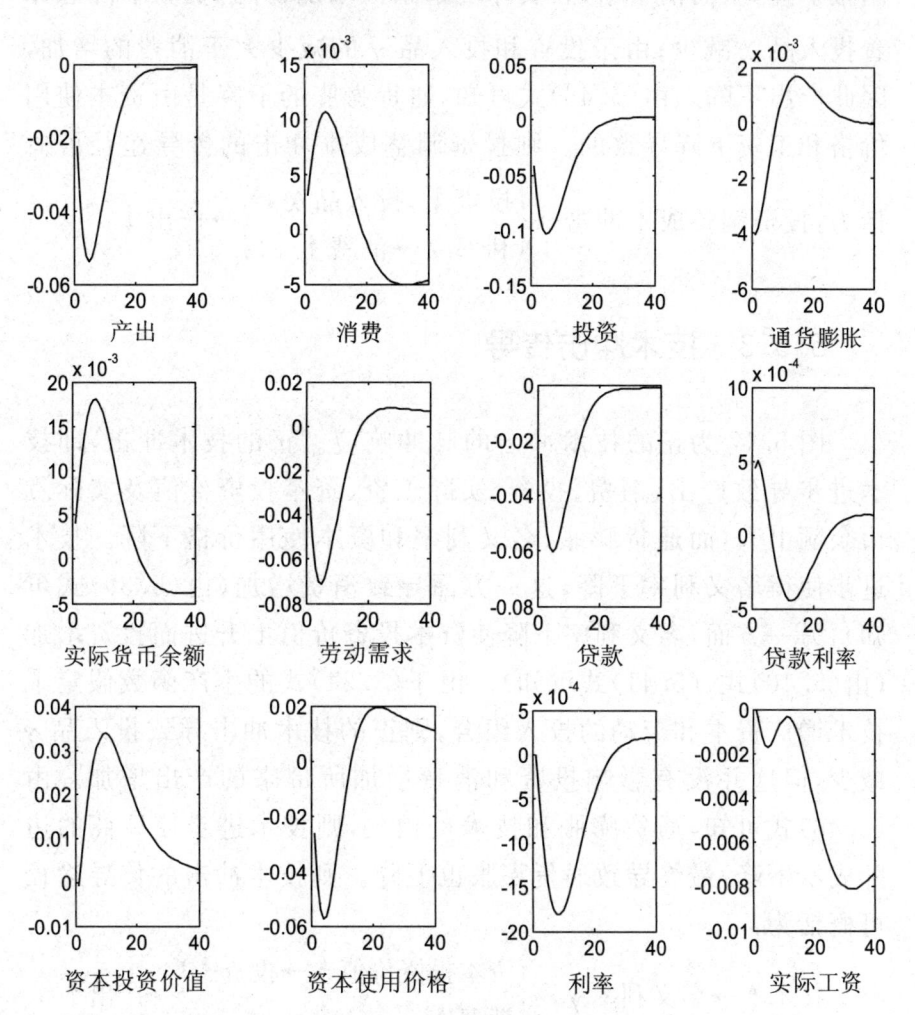

图 5.16 投资调整成本冲击的脉冲响应

实际工资、劳动需求、贷款和资本使用价格下降,而消费、实际货币余额、资本投资价值和贷款利率上升。由(5.41)式可知,尽管资本投资价值上升,但由于投资调整成本冲击对投资的负向影响较大,从而投资是下降的;另一方面,名义利率下降意味着存款的回报下降,从而消费增加,实际货币余额增加;并且贷款下降意味着投入品 χ 减少;由于投资和投入品 χ 的减少大于消费的增加,因此产出下降。由(5.46)式可知,通货膨胀的下降是由资本使用价格和工资下降导致的。则投资调整成本冲击的传导途径可概括为:投资调整成本冲击→$\begin{cases}投资↓;投入品\chi↓\\利率↓→消费↑\end{cases}$→产出↓。

5.5.3 技术冲击传导

图 5.17 为正的技术冲击的脉冲响应。正的技术冲击,即技术进步导致产出、消费、投资、实际工资、资本投资价值及实际货币余额上升,而通货膨胀、名义利率和资本使用价格下降。技术进步使得名义利率下降,这一方面导致消费增加(由(5.39)式可知),另一方面,名义利率下降使资本投资价值上升进而投资增加(由(5.40)式、(5.41)式可知)。由于(5.24)式的生产函数假定了技术增广资本和劳动的投入组合,则正的技术冲击导致投入品 χ 减少,但这并没有影响投资和消费增加所带来的产出增加。由(5.46)式可知,通货膨胀和技术负相关,则技术进步使厂商的边际成本下降,最终导致通货膨胀也下降。则技术冲击的传导途径可概括为:

技术↑→名义利率↓→$\begin{cases}资本投资价值↑→投资↑\\消费↑\end{cases}$→产出↑。

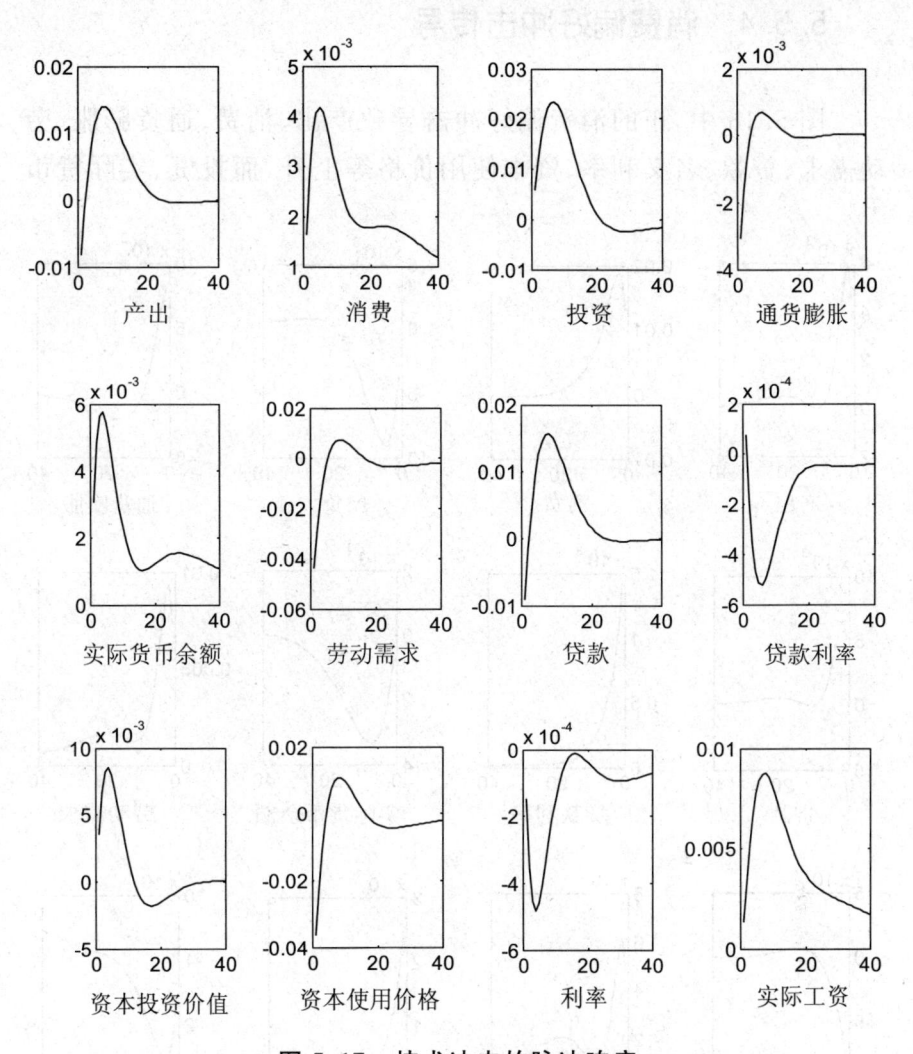

图 5.17 技术冲击的脉冲响应

5.5.4 消费偏好冲击传导

图 5.18 中,正的消费偏好冲击导致产出、消费、通货膨胀、劳动需求、贷款、名义利率、资本使用价格等上升,而投资、实际货币

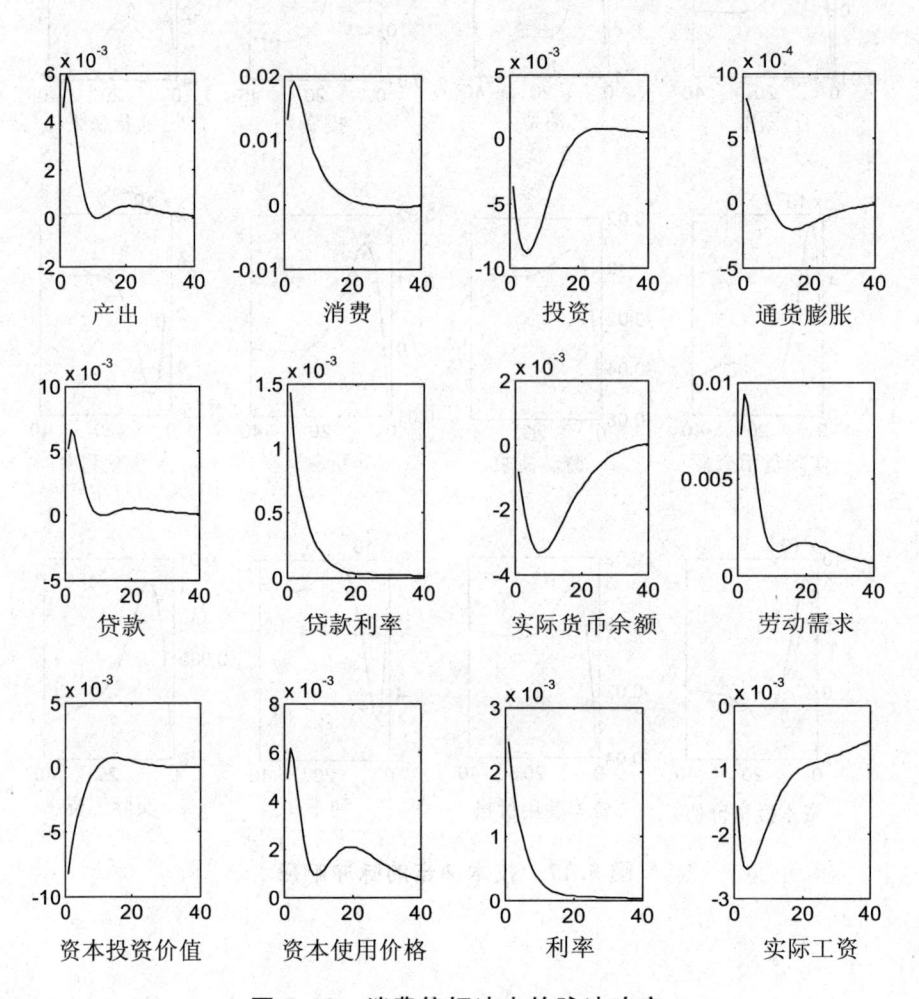

图 5.18 消费偏好冲击的脉冲响应

余额、资本投资价值和实际工资下降。由(5.39)式可知,正的消费偏好冲击使得消费者的收入更多用于消费而减少了实际余额需求。由(5.38)式可知,实际货币余额与利率负相关,因此名义利率上升,从而资本投资价值、投资减少。此外,贷款增加导致作为投入品的最终产品 χ 增加。由于投资下降较少,从而产出增加。通货膨胀上升的原因在于贷款利率和资本使用价格的上升,尽管实际工资是下降的。则消费偏好冲击的传导过程可概括为:

消费偏好冲击↑ $\begin{cases} 贷款↑ → 投入品 \chi ↓ \\ 消费↑ \end{cases}$ → 产出先↑。

5.5.5 价格加成冲击传导

图 5.19 为正的价格加成冲击的脉冲响应。正的价格加成冲击对经济的影响是负向的,它导致产出、消费、投资、实际工资、贷款、资本使用价格、资本投资价值、实际货币余额及劳动需求下降,而通货膨胀、贷款利率和名义利率上升。名义利率上升,一方面使实际货币余额、消费减少,另一方面使资本投资价值下降进而投资减少;此外,贷款的减少使投入品 χ 减少;消费、投资以及投入品 χ 等的减少最终导致了产出的下降。由(5.46)式可知,正的价格加成冲击直接导致通货膨胀上升,从而实际工资下降。则正向价格加成冲击的传导过程可概括为:正的价格加成冲击→名义利率↑→消费↓、投资↓、投入品 χ ↓→产出↓。

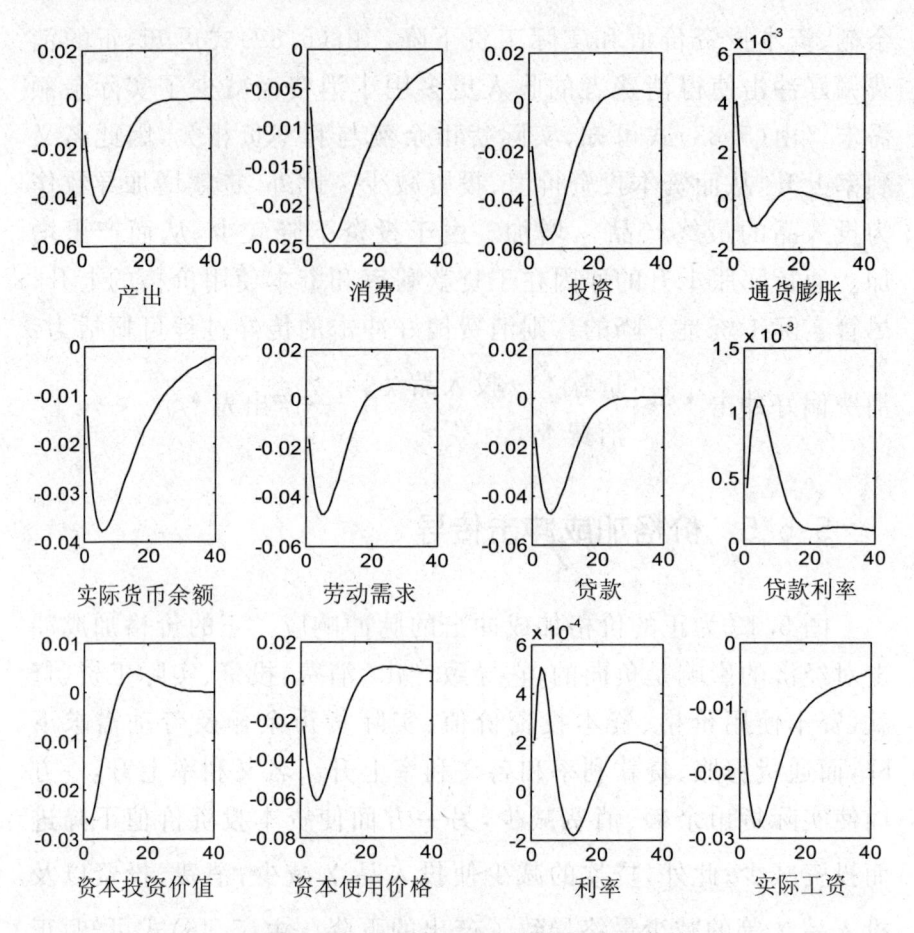

图 5.19 价格加成冲击的脉冲响应

5.5.6 工资加成冲击传导

图 5.20 为正向工资加成冲击对经济的影响。正的工资加成冲击导致产出、消费、资本投资价值、投资、资本使用价格、贷款、实际货币余额及劳动需求减少，而实际工资、名义利率、通货膨胀、贷款利率上升。名义利率的上升一方面导致消费减少，另一

第5章 信贷、货币供应量传导实证研究

方面导致资本投资价值下降进而投资减少,并且贷款减少意味着投入品 χ 也减少,从而产出减少。由(5.45)式可知,正向工资加成冲击使实际工资上升,进而通货膨胀上升(见(5.46)式)。则正向价格加成冲击的传导过程可概括为:正的工资加成冲击→名义利率↑ $\begin{cases} 资本投资价值↓→投资↓ \\ 消费↓ \end{cases}$ →产出↓。

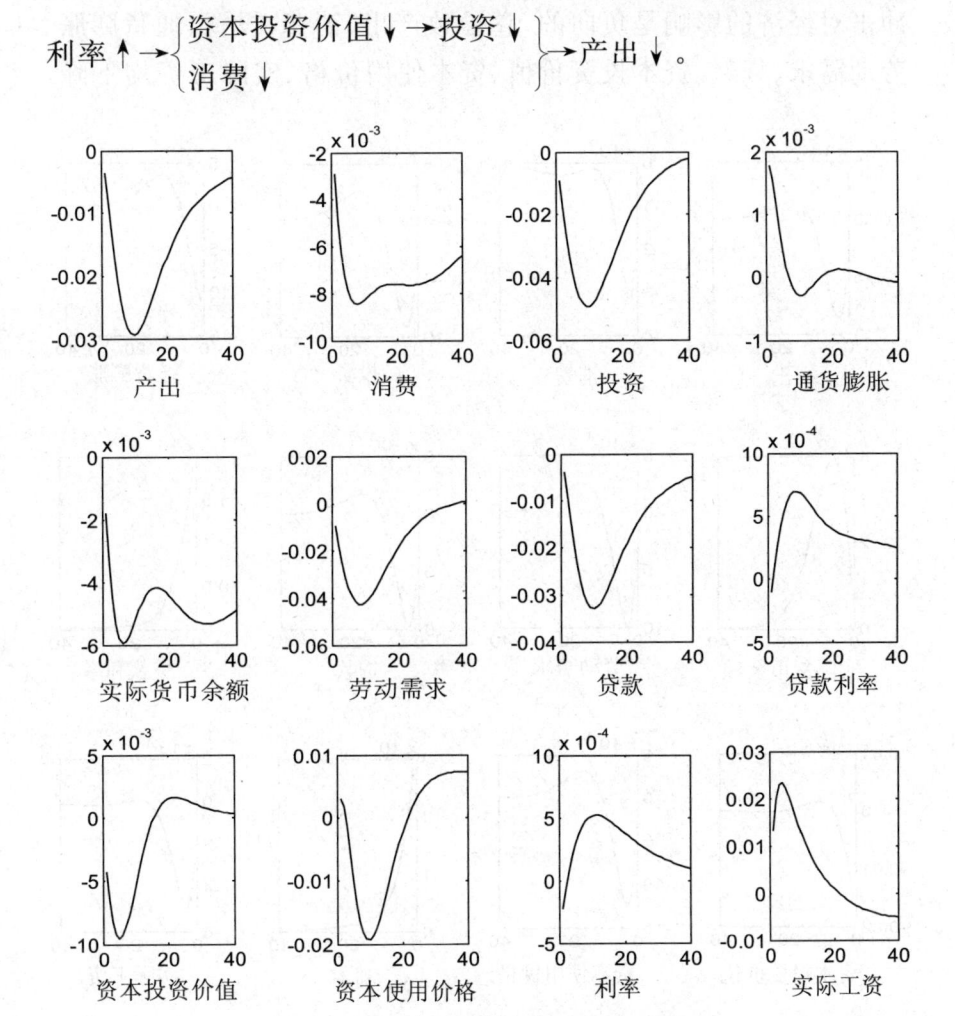

图5.20 工资加成冲击的脉冲响应

5.5.7 货币需求冲击传导

图 5.21 为正向货币需求冲击对经济的影响。正的货币需求冲击对经济的影响是负向的,它导致产出、消费、投资、通货膨胀、劳动需求、贷款、资本投资价值、资本使用价格、实际工资均下降,

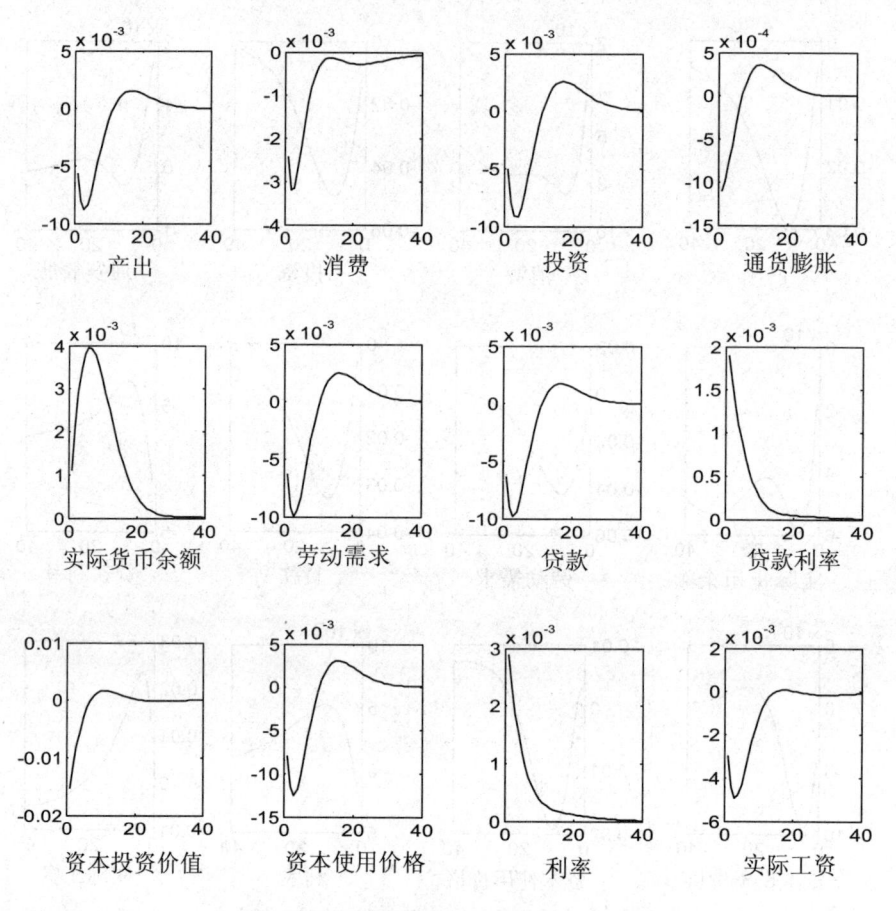

图 5.21 货币需求冲击的脉冲响应

而名义利率、实际货币余额、贷款利率上升。正向货币需求冲击导致实际货币余额和名义利率上升。名义利率上升一方面使消费减少,另一方面使资本投资价值进而投资减少;且贷款减少使投入品 χ 减少,从而产出最终减少。通胀下降的原因在于资本使用价格和实际工资下降。则货币需求冲击传导可概括为:货币需求冲击 $\begin{cases} 货币需求↑、名义利率↑→消费↓、投资↓ \\ 贷款↓→投入品 \chi↓ \end{cases}$→产出↓。

5.5.8 贷款冲击传导

图 5.22 正向贷款冲击使产出、消费、投资、劳动需求、实际货币余额、贷款、资本投资价值资本使用价格和实际工资上升,而通货膨胀、名义利率、贷款利率下降。由(5.50)式可知,正的贷款冲击使贷款增加,从而投入品 χ 增加;由(5.52)式可知,名义利率下降,这一方面使消费增加,另一方面使资本投资价值进而投资增加;由(5.47)式可知,产出正向取决于消费、投资和作为投入品的最终产品 χ,因而产出增加。由(5.46)式可知,尽管实际工资和资本使用价格是上升的,但由于贷款利率下降较多,因而通货膨胀是下降的。则贷款冲击的传导可概括为:贷款冲击↑→贷款↑→消费↑、投资↑、投入品 χ↑→产出↑。但由消费和投资对贷款冲击的响应的比较可知,投资对冲击的响应要大于消费的,因而投资在贷款冲击的传导中发挥了较大的作用。

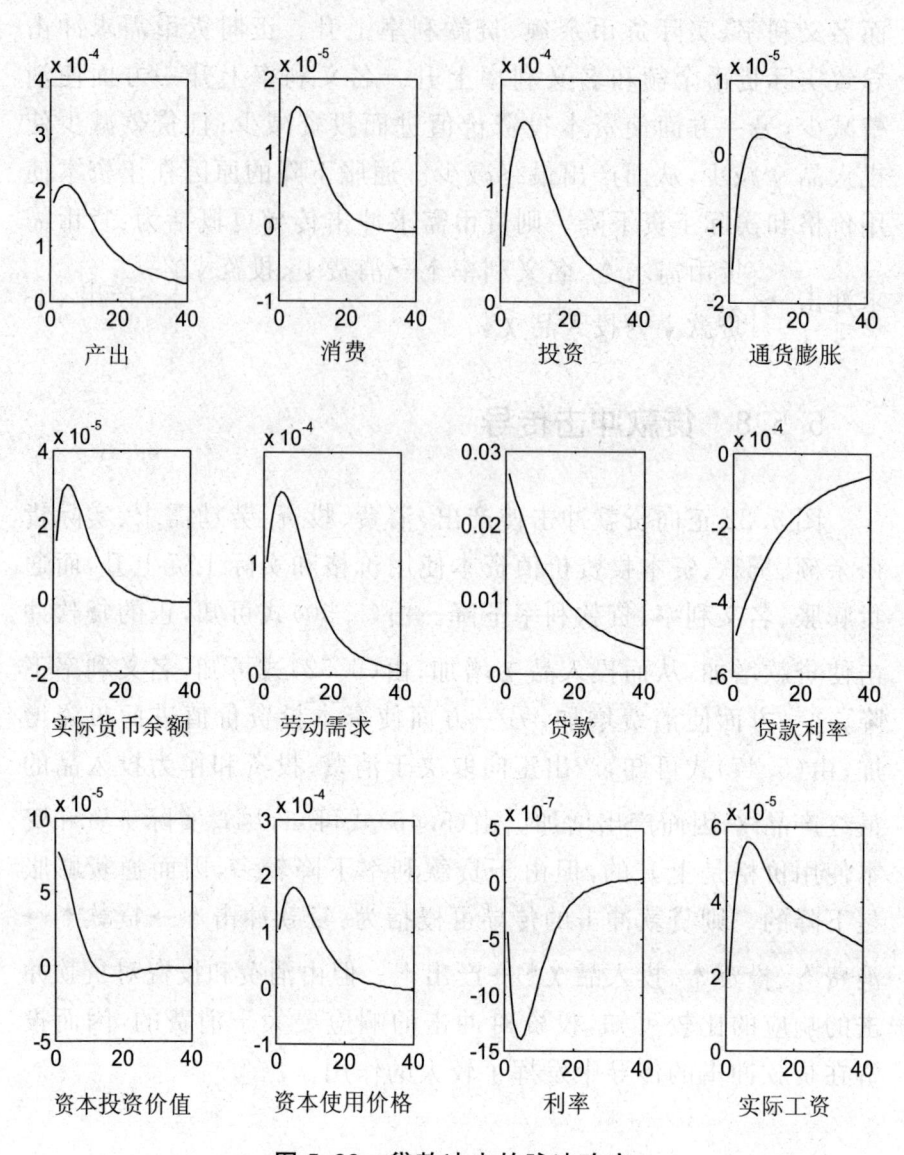

图 5.22 贷款冲击的脉冲响应

5.6 结论

本章对第三章的模型进行了进一步的拓展,将消费习惯和金融中介市场纳入了动态随机一般均衡模型中,考察了贷款、货币供应量、消费偏好、价格加成、工资加成、投资调整成本、技术、货币需求等8个外生冲击在我国经济中的传导。研究发现:

第一,第5.4节中的反事实仿真结果表明,消费、投资、M2、贷款、名义利率、就业、通货膨胀、实际工资等8个观测变量的拟合值与其实际值比较一致,从而说明本章所构建的 DSGE 模型同样成功地刻画了我国的经济现实,运用 DSGE 模型分析我国的经济问题是适宜的。此外,8个外生随机扰动的光滑估计也证明了这一结论。

第二,第5.5节的脉冲响应分析表明,消费和投资在信贷、货币供应量、消费偏好等8个外生随机冲击的传导中发挥的作用是不同的。投资对货币供应量冲击、货币需求冲击、贷款冲击、技术冲击、投资调整成本冲击以及两个成本推动冲击——价格加成冲击和工资加成冲击等的响应要远大于消费对冲击的响应,说明这七个冲击主要是通过投资而对产出产生影响的;在消费偏好冲击的传导中,消费发挥了主导作用,因为消费对冲击的正向响应远大于投资对冲击的负向响应,尽管投资对冲击的负向响应导致了消费拉动产出增加的正向响应并不持久。这一研究结论与上文第三章的研究发现一致,同时与我国的经济现实也相符的,主要是投资带动经济的增长,而消费往往不足。

第6章 总结及研究展望

6.1 总结

  作为货币理论的核心之一,货币政策传导机制向来是学者们探讨的热点。尽管关于货币政策传导的研究有一些共同性的结论,但货币政策传导机制的相关理论还有待进一步检验。现有文献对货币政策传导的实证研究多采用了协整、格兰杰因果检验以及 VAR 模型等计量方法,基于这些计量方法的研究虽然证明了货币政策传导相关渠道的存在性,但无法给出货币政策工具,包括货币供应量、利率、信贷、资产价格等,是如何对产出等宏观经济变量产生影响的,特别是无法给出产出总构成中的哪个成分在货币政策传导中发挥着主要作用;此外,简约化的 VAR 模型等计量方法是缺乏经济理论的,因而基于这些方法的研究结论往往不是那么令人信服。

  有鉴于此,本书运用结构化的动态随机一般均衡模型(DSGE)检验货币政策传导机制的相关理论,探讨中国的货币政策工具(货币供应量、利率、信贷)是通过 GDP 总构成中的消费、投资(由于本文研究封闭经济情形下货币政策的传导,且构建

第 6 章　总结及研究展望

DSGE 模型时假定了经济中不存在财政政策部门,因而总产出由消费和投资二者构成)二者中的哪一个而对产出产生影响的。

现实世界中,经济遭受的冲击是多个的,而动态随机一般均衡模型(DSGE)具有较强的包容性,且可以分离各个冲击对各经济变量的单独影响,因而为了使所构建的模型更加符合真实经济环境,本文的第 3~5 章的实证研究中,不仅将货币政策工具(货币供应量、利率、信贷)设定为冲击形态,还将投资调整成本冲击、消费偏好冲击、技术冲击、两个成本推动冲击——价格加成冲击和工资加成冲击、货币需求冲击等纳入了 DSGE 模型的分析框架。研究发现:

第一,不仅估计 DSGE 模型结构参数时所得到的外生随机扰动的光滑估计值与我国的经济发展路径较为吻合,而且基于反事实仿真所得到的观测变量的拟合值与其实际观测值比较一致,说明了本文所构建的动态随机一般均衡模型(DSGE)成功地刻画了我国的经济现实,具有较强的解释能力,用来分析我国的货币政策传导问题是适宜的。

第二,结合线性 DSGE 模型中的相关行为方程,脉冲响应分析表明消费和投资在货币供应量、利率、信贷等货币政策冲击的传导中发挥着不同的作用。

第 3 章的研究表明投资对货币供应量冲击的响应要远大于消费对该冲击的响应,说明在我国的货币政策传导中投资发挥着主导作用,消费的传导作用较小。

第 5 章拓展了第 3 章的 DSGE 模型,将消费习惯、金融中介机构纳入了 DSGE 的分析框架,模型构建更加符合现实,其研究也表明了投资在货币供应量冲击的传导中发挥着主要作用;并且在信贷冲击的传导中,投资对冲击的传导也较消费为大。这一研究发现与我国的现实经济情况是相符的——我国的产出增长主要依赖投资,消费往往不足,消费对经济增长的拉动作用不明显。

第 4 章在修订的泰勒规则下考察了利率冲击在我国经济中的传导。研究发现利率冲击也主要是通过投资而对产出产生影响的,消费的传导作用相对较小。

第三,投资不仅在货币供应量、利率、贷款等货币政策工具的传导中发挥着主要作用,而且其在价格加成冲击、工资加成冲击、投资调整成本冲击、技术冲击以及货币需求冲击的传导中发挥的作用也是大于消费的。但在消费偏好冲击的传导中,消费对冲击的传导作用是主导的,尽管投资的下降部分抵消了消费对产出增长的拉动作用,且使消费对经济的正向拉动作用不够持久。

第四,由于货币供应量作为我国货币政策中介目标的表现受到越来越多的批评,因此,第 4 章考察了利率作为我国货币政策中介目标的可行性。研究表明外生随机扰动通过利率对消费、投资并进而对产出产生影响,且修订的泰勒规则的参数估计都是显著的,因而说明利率作为我国货币政策中介目标具有一定的可行性。

6.2　改善我国货币政策传导机制的对策

上文的实证研究表明,相对于投资对我国货币政策的传导作用而言,消费的传导作用较小。这与我国的现实情况是相符的:多年来,作为拉动经济增长的"三驾马车"之一的消费需求严重不足,消费部门对我国经济增长的贡献低于其他部门并呈下降趋势,且消费在我国经济总量中所占的比重也远低于发达国家和中等收入国家的水平,由此导致我国经济的可持续增长乏力。

第6章　总结及研究展望

除了收入因素,我国消费水平低下的直观原因是我国的社会平均消费倾向较低,其深层次的原因却是我国的贫富差距较大。根据效用理论,收入水平较低的人其消费倾向反而较高,收入水平较高的人其消费倾向反而较低,社会消费倾向是二者的平均。而收入差距过大、财富集中在少数人手中,则必然导致整个社会的平均消费倾向低下,消费增长乏力,这正是我国现实的反映。此外,我国的社会保障体系不完善、人口中的绝大多数不能深入参与社会保障,这也导致了我国的消费需求严重不足。因此,要增加消费、提高消费对货币政策的传导作用,可以从以下几个方面进行:

第一,增加居民收入,特别是要增加占我国人口绝大多数比重的农民的收入。具体地,要加大财政对"三农"的支持,通过城镇化、农业产业化等手段增加农民的收入。

第二,深化收入分配制度改革,缩小贫富差距以提高社会消费倾向。一方面,要在初次分配领域提高劳动报酬的比重;另一方面在再分配领域要更多的考虑公平。

第三,完善社会保障体系,一方面,财政要加大对医疗、教育、社会保障等公共服务的支持;另一方面,公共服务的均等化刻不容缓,特别是要让占人口绝大比重的农民深入参与医疗、养老等基本社会保障。

此外,上文的研究也表明利率在外生冲击的传导中发挥着重要作用、利率作为我国货币政策中介目标具有可行性,因此,加快我国利率的市场化改革,提升利率对消费、投资的刺激作用以此改善货币政策传导也是一个有益的思考。

6.3　研究展望

真实世界中,各国政府不仅运用货币政策干预宏观经济,财政政策也是重要的宏观调控手段。并且在对现实经济的研究中,经济模型是对现实经济的抽象,是实现研究目标的手段。而在本文的实证研究部分,由于采取了逐步拓展模型的研究思路,在构建动态随机一般均衡(DSGE)模型时,剥离了财政政策部门的行为。而在中国的宏观调控实践中,财政政策向来是主要的调控手段之一,因此,将财政政策纳入 DSGE 模型来研究货币政策传导是未来进一步研究的重要方向之一。

此外,随着世界经济的纵深发展,各国之间的贸易往来越来越频繁、经济之间通过汇率、贸易而联系越来越紧密,各国经济不可避免地要受到世界经济大环境以及其他国家经济情况的影响,中国也不外如是。中国自 2001 年加入世界贸易组织以来,中国经济的开放度越来越高,且 2005 年 7 月的汇率形成机制改革实现的人民币有管理浮动使我国经济更加深入地参与世界经济,因此,中国经济的开放经济特征越发明显。而本论文主要研究了封闭经济情形下货币供应量、利率、贷款等货币政策工具在经济中的传导过程,因此,拓展上文所构建的 DSGE 模型考察开放经济情形下货币政策的传导途径也是未来进一步研究的重要方向。

参考文献

[1] Aksoy, Y., Basso Hensrique S., Javier Coto Martinez. Liquidity Effects and Cost Channels in Monetary Transmission[J]. Birkbeck Working Papers, 2009.

[2] Ali, Dib. An Estimated Canadian DSGE Model with Nominal and Real Rigidities[J]. Bank of Canada Working Paper, 2001.

[3] Arseneau, D. M., S. K. Chugh. Optimal Fiscal and Monetary Policy with Costly Wage Bargaining[J]. Journal of Monetary Economics, 2008,(55): 1401—1414.

[4] Atta-Mensah, J., Ali Dib. Bank Lending, Credit Shocks, and the Transmission of Canadian Monetary Policy[J]. International Review of Economics and Finance, 2008,(17):159—176.

[5] Barth, M. J., Ramey V. A.. The Cost Channel of Monetary Transmission[J]. National Bureau of Economic Research Working Paper, 2000.

[6] Basu, S.. Intermediate Goods and Business Cycles: Implications for Productivity and Welfare[J]. American Economic Review, 1995,(85): 512—531.

[7] Baxter, M., R. G. King. Measuring Business Cycle:

Approximate Band-Pass Filter for Economic Time Series[J]. Review of Economics and Statistics, 1999, 81(4): 575—593.

[8] Beetsma, Roel M. W. J. , Jensen H. . Monetary and fiscal policy interactions in a micro-founded model of a monetary union[J]. Journal of International Economics, 2005,(67): 320—352.

[9] Bemanke, Ben S. , Alan Blinder. Credit, Money, and Aggregate Demand[J]. American Economic Review, 1988, 78(2): 435—439.

[10] Beranke, Ben S. , Alan Blinder. The Federal Funds Rate and the Channels of Monetary Transmission[J]. American Economic Review, 1992,(82): 901—921.

[11] Bemanke, Ben S. , Mark Gertler. Agency Cost, Net Worth, and Business Fluctuation[J]. American Economic Review, 1989,(79): 149—231.

[12] Betts, C. , M. Devereus. Exchange Rate Dynamics in a Model with Pricing-to-market[J]. Journal of International Economics, 2000,(50): 215—244.

[13] Blanchard, O. J. , Charles M. Kahn. The Solution of Linear Difference Models under Rational Expectations[J]. Econometrica, 1980, 48(1): 305—311.

[14] Calvo, Guillermo. Staggered Prices in a Utility Maximizing Framework[J]. Journal of Monetary Economics, 1983, (12): 383—398.

[15] Cassola, Nuno, Claudio Morana. Monetary Policy and the Stock Market in the Euro Area[J]. Journal of Policy Modeling, 2004,(26): 387—399.

[16] Chari, V. V. , J. P. Kehoe, E. McGrattan. Sticky Price

Models of the Business Cycle: Can Contract Multiplier Solve the Persistence Problem?[J] Econometrica, 2000,(68): 1151—79.

[17]Christensen, Ian, Ali Dib. The financial accelerator in an estimated New Keynesian model[J]. Review of Economic Dynamics, 2008(11): 155—178.

[18]Christiano, L., Martin Eichenbaum, Charlie L. Evans. Nominal Rigidities and the Dynamic Effects of a Shock to Monetary Policy[J]. Federal Reserve Bank of Cleveland Working Paper, 2003.

[19]Chugh, S. K.. Optimal Fiscal and Monetary Policy with Sticky Wages and Sticky Prices[J]. Review of Economic Dynamics, 2006,(9): 683—714.

[20]Chung, J., Jung Y., Yang D. Y.. Optimal Monetary Policy in a Small Open Economy: The Case of Korea[J]. Journal of Asian Economics, 2007,(18): 125—143.

[21]Clarida, Richard, Jordi Gali, Gertier M.. The Science of Monetary Policy: A New Keynesian Perspective[J]. Journal of Economic Literature, 1999, 37(4): 1661—1707.

[22]Clarida, Richard, Jordi Gali, Gertier M.. A simple Framework for International Monetary Policy Analysis[J]. Journal of Monetary Economics, 2002,(49): 877—904.

[23]Dedola, L., F. Lippi. The Monetary Transmission Mechanism: Evidence from Industry Data of OECD Countries [J]. Banca d'Iltalia, Temi di discussione, 2000.

[24]Dejong, David N., Cbetan Dave. Structural Macroeconometrics[M]. New Jersey: Princeton University Press, 2007: 12—22.

[25]DeJong, David N., Chetan Dave. Structural Macroeconometrics[M]. New Jersey:Princeton University Press, 2007: 96—105.

[26] Devereux, M.. Monetary Policy Rules and Exchange Rate Flexibility in a Simple Dynamic General Equilibrium Model [J]. Journal of Macroeconomics, 2004,(26): 287—308.

[27] Disyatat, Piti, Pinnarat Vongsinsirikul. Monetary Policy and the Transmission Mechanism in Thailand[J]. Journal of Asian Economics, 2003,(14): 389—418.

[28] Divino, Jose Angelo. Optimal Monetary Policy for a Small Open Economy[J]. Economic Modeling, 2009,(26): 352—358.

[29] Ercg, Chris, Dale Henderson, Andrew Levin. Optimal Monetary Policy with Staggered Wage and Price Contracts[J]. Journal of Monetary Economics, 2000,(46): 281—313.

[30] Faia, E., Monacelli T.. Optimal Interest Rate Rules, Asset Prices, and Credit Frictions [J]. Journal of Economic Dynamics and Control, 2007,(31): 3228—3254.

[31] Fischer, S., Robert C. Merton. Macroeconomics and Finance: The Role of the Stock Market[R]. Carnegie-Rochester Conference Series on Public Policy, 1984,(21): 57—108.

[32] Fuhrer, Jeffrey C., George R Moore. Monetary Policy Trade-offs and the Correlation between Nominal Interest Rates and Real output[J]. American Economic Review, 1995,(3): 219—239.

[33] Gali, Jordi. Monetary Policy, Inflation and the Business Cycle[M]. New dersey: Princeton University Press, 2008: 71—85.

[34] Gali, Jordi. Technology, Employment, and the Business Cycle: Do Technology Shocks Explain Aggregate Fluctuations? [J] The American Economic Review, 1999, 89(1): 249—271.

[35] Gali, Jordi, Monacelli T.. Optimal Monetary Policy and Exchange Rate Volatility in a Small Open Economy[M].

Mimeo. , Universitat Pompeu Fabra, 2000.

[36] Ganelli, Giovanni. Useful Government Spending, Direct Crowding-out and Fiscal Policy Interdependence[J]. Journal of International Money and Finance, 2003,(22): 87—103.

[37] Gelb, Alan. Financial Policies, Growth and Efficiency [J]. World Bank working paper, 1989.

[38] Gertler, Mark. Financial Structure and Aggregate Economic Activity: An Overview[J]. Journal of Money, Credit and Banking, 1988,(3): 59—88.

[39] Gertler, M. , Gilchrist S. , Natalucci F.. External constraints on monetary policy and the financial accelerator[J]. Working paper, 2003.

[40] Hamilton, J. D. . Time Series Analysis[M]. New dersey: Princeton University Press, 1994.

[41] Haug, Alfred, O. Karagedikli, Satish Ranchhhod. Monetary Policy Transmission Mechanisms and Currency Unions: A Vector Error Correction Approach to a Trans-Tasman Currency Union[J]. Journal of Policy Modeling, 2005,(27): 55—74.

[42] Henzel, S. , Oliver Hulsewig, Timo Wollmershauser. Monetary Policy Transmission and the Cost Channel in Euro Area Industries[J]. Working Paper, 2007.

[43] Horvath, Michal. The Effects of Government Spending Shocks on Consumption under Optimal Stabilization[J]. European Economic Review, 2009,(53): 815—829.

[44] Huang, K. , Liu Z. , Phaneuf L.. Why does the Cyclical Behavior of Real Wages Change over Time[J]. American Economic Review, 2004,(94): 836—856.

[45] Hulsewig, O., Mayer E., Wollmershauser T.. Bank Behavior, Incomplete Interest Rate Pass-through, and the Cost Channel of Monetary Policy Transmission[J]. Economic Modelling, 2009,(6): 1310—1327.

[46] Iacoviello, Matteo, Raoul Minetti. The Credit Channel of Monetary Policy: Evidence from the Housing Market[J]. Journal of Macroeconomics, 2008,(30): 69—96.

[47] Ireland, Peter N.. A Small, Structural, Quarterly Model for Monetary Policy Evaluation[R]. Carnegie-Rochester Conference Series on Public Policy, 1997,(47): 83—108.

[48] Ireland, Peter N.. Technology Shocks and the Business Cycle: An Empirical Investigation[J]. Journal of Economic Dynamics & Control, 2001,(25): 703—719.

[49] Kashyap, A. K., J. Stein. The Impact of Monetary Policy on Bank Balance Sheet[R]. Camegie-Roehester Conference Series on Public Policy, 1995:151—202.

[50] Kazuo, Ogawa. Monetary Policy, Credit, and Real Activity: Evidence from the Balance Sheet of Japanese Firms[J]. Journal of the Japanese and International Economies, 2000,(14): 385—407.

[51] Kim, J.. Constructing and Estimating a Realistic Optimizing Model of Monetary Policy[J]. Journal of Monetary Economics, 2000, (45): 329—359.

[52] Kim, Soyoung. International transmission of U. S. monetary policy shocks: Evidence from VAR's[J]. Journal of Monetary Economics, 2001,(48): 339—372.

[53] Kim, Soyoung, Nouriel Roubini. Exchange Rate Anomalies in the Industrial Countries: A Solution with a Structural VAR Approach

[J]. Journal of Monetary Economics, 2000,(45):561—586.

[54]King, R. G., M. W. Watson. System Reduction and Solution Algorithms for Solving Linear Difference Systems under Rational Expectations[J]. Computational Economics, 2002,(20): 57—86.

[55]Kishan, R., T. Opiela. Bank Capital and Loan Asymmetry in the Transmission of Monetary Policy[J]. Journal of Banking and Finance, 2005,(5):2—26.

[56]Kollmann, Robert. The Exchange Rate in a Dynamic-Optimizing Business Cycle Model with Nominal Rigidities: A Quantitative Investigation[J]. Journal of International Economics, 2001,(55): 243—262.

[57]McCallum, Ben, Edward Nelson. Nominal Income Targeting in an Open-Economy Optimizing Model[J]. Journal of Monetary Economics, 1999,(43): 553—578.

[58]Meltzer, A. H.. Monetary, Credit and other Transmission Processes: A Monetary Perspective[J]. Journal of Economic Perspectives, 1995,(4): 49—72.

[59]Mishkin, F.. The Channels of Monetary Transmission: Lessons for Monetary Policy[J]. NBER Working Paper, 1996.

[60]Modigliani, F.. Monetary Policy and Consumption. In Consumer Spending and Monetary Policy: the Linkage[J]. Boston: Federal Reserve Bank of Boston, 1971.

[61] Nagayasu, Jan. Empirical Analysis of the Exchange Rate Channel in Japan[J]. Journal of International Money and Finance, 2007,(26): 887—904.

[62]Oliner, Stephen D., Glenn D. Rudebusch. Is There a Broad Credit Channel for Monetary Policy?[J] FRBSF Economic

Review, 1996,(1): 3—13.

[63]Rabanal, P.. Does Inflation Increase after a Monetary Policy Tightening? Answers Based on an Estimated DSGE Model[J]. Journal of Economic Dynamics and Control, 2007,(31): 906—937.

[64]Ratto, M., W. Roeger, J. Veld. An Estimated Open-Economy DSGE Model of the Euro Area with Fiscal and Monetary Policy[J]. Economic Modeling, 2009,(26): 222—233.

[65]Ravenna, F., C. Walsh. Optimal Monetary Policy with the Cost Channel[J]. Journal of Monetary Economics, 2006, (53): 199—216.

[66]Rotemberg, Julio J.. Sticky Prices in the United States [J]. Journal of Political Economy, 1982,(90): 1187—1211.

[67]Schmitt-Grohe, S., Uribe, M.. Optimal Fiscal and Monetary Policy under Sticky Prices[J]. Journal of Economic Theory, 2004,(114): 198—230.

[68]Sims, C. A.. Solving Linear Rational Expectations Models[J]. Computational Economics, 2001,(20): 1—20.

[69]Siu, H. E.. Optimal Fiscal and Monetary Policy with Sticky Prices[J]. Journal of Monetary Economics, 2004,(51): 576—607.

[70]Smets, F., Raf Wouters. Openness, Imperfect Exchange Rate Pass-through and Monetary Policy[J]. Journal of Monetary Economics, 2002,(49): 947—981.

[71]Smets, F., Raf Wouters. An Estimated Dynamic Stochastic General Equilibrium Model of the EURO Area[J]. Journal of the European Economic Association, 2003, 1(5): 1123—1175.

[72]Smets, F., Raf Wouters. Comparing Shocks and Frictions

in US and Euro Area Business Cycles: A Bayesian DSGE Approach[J]. Journal of Applied Econometrics, 2005, (20): 161－183.

[73]Taylor, John B.. The Monetary Transmission Mechanism: An Empirical Framework[J]. Journal of Economic Perspectives, 1995, 9(3): 1－6.

[74]Toyofuku, Kenta. Soft Budget Constraints, Bank Capital, and the Monetary Transmission Mechanism[J]. Japan and the World Economy, 2008, (20): 194－216.

[75]Uhlig, H.. A Toolkit for Analyzing Non-Linear Dynamic Stochastic Models easily[R]. in Ramon Marimon and Andrew Scott Eds., Computational Methods for the Study of Dynamic Economies, Oxford University Press, New York, 1999: 30－61.

[76]Wang, Peng-fei, Yi Wen. Endogenous money of sticky prices? Comment on Monetary Non-Neutrality and Inflation Dynamics[J]. CAE Working Paper, 2004.

[77]Yun, T.. Nominal Price Rigidity, Money Supply Endogeneity, and Business Cycles[J]. Journal of Monetary Economics, 1996, (37): 345－370.

[78]陈昆亭,龚六堂,邹恒甫.什么造成了经济增长的波动,供给还是需求:中国经济的RBC分析[J].世界经济,2004,(4): 3－11.

[79]陈昆亭,龚六堂.中国经济增长的周期与波动的研究——引入人力资本后的RBC模型[J].经济学(季刊),2004,3(4):803－818.

[80]陈昆亭,龚六堂.粘滞价格模型以及对中国经济的数值模拟[J].数量经济技术经济研究,2006,(8):106－17.

[81]陈平,张宗成.股票市场对货币政策传导机制影响的实

证研究[J].南方经济,2008,(6):13-15.

[82]刚猛,陈金贤.实际股票收益、通货膨胀与货币政策的周期性[J].延边大学学报(社科版),2003,(4):81-84.

[83]韩俊.试析货币政策传导机制的三种主要观点[J].金融教学与研究,1998,(3):5-7.

[84]胡爱华.基于新凯恩斯DSGE模型的我国财政政策效应分析[D].华中科技大学博士学位论文,2011.

[85]胡援成,程建伟.中国资本市场货币政策传导机制的实证研究[J].数量经济技术经济研究,2003,(5):15-18.

[86]黄赜琳.中国经济周期特征与财政政策效应——一个基于三部门RBC模型的实证分析[J].经济研究,2005,(6):27-39.

[87]黄赜琳.技术冲击和劳动供给对经济波动的影响分析[J].财经研究,2006,32(6):98-109.

[88]蒋瑛琨,刘艳武,赵振全.货币渠道与信贷渠道传导机制有效性的实证分析[J].金融研究,2005(5):70-79.

[89]李春吉,孟晓宏.中国经济波动——基于新凯恩斯主义垄断竞争模型的分析[J].经济研究,2006,(10):72-82.

[90]李松华.基于DSGE模型的中国货币政策传导机制研究[D].华中科技大学博士学位论文,2010.

[91]李松华.基于优化视角的中国货币需求函数实证研究[J].价格(月刊),2010,(6):63-66.

[92]李松华,马德富.动态随机一般均衡模型应用研究综述[J].当代经济,2010,(5):158-160.

[93]李松华.基于DSGE模型的利率传导机制研究[J].湖南大学学报(社科版),2013,27(3):42-48.

[94]李松华.基于DSGE模型的信贷、货币供应量传导研究[J].工业技术经济,2012,(11):109-117.

[95]李振明.中国股市财富效应的实证分析[J].经济科学,2001,(3):58-61.

[96]刘斌.我国DSGE模型的开发及在货币政策分析中的应用[J].金融研究,2008,(10):1-21.

[97]刘斌.物价水平的财政决定理论与实证研究[J].金融研究,2009,(8):35-51.

[98]刘松林,龚承刚,李松华.货币政策及其外生冲击传导——基于新凯恩斯动态随机一般均衡模型的视角[R].21世纪数量经济学,2010,11:196-226.

[99]刘尧成,徐晓萍.消费替代弹性、经济开放与中国经济外部失衡[J].统计研究,2010,27(4):19-27.

[100]莫高琪,冉茂盛,钟韬.转轨期中国货币政策传导的实证[J].重庆大学学报(自科版),2005,(11):154-156.

[101]莫万贵,王立元.货币供应量和贷款仍是当前合适的货币政策调控目标[J].经济学动态,2008,(2):50-54.

[102]聂鹏.中国经济持续增长研究[D].西南财经大学博士学位论文,2011.

[103]彭方平,王少平.我国利率政策的微观效应:基于动态面板数据模型研究[J].管理世界,2007,(1):24-29.

[104]钱小安.资产价格变化对货币政策的影响[J].经济研究,1998,(1):70-76.

[105]盛朝辉.中国货币政策传导渠道效应分析[J].金融研究,2006,(7):22-29.

[106]沈悦,周奎省,李善燊.基于FAVAR模型的货币政策的房价传导机制研究[J].当代经济科学,2011,(3):50-58.

[107]石建民.股票市场、货币需求与总量经济:一般均衡分析[J].经济研究,2001,(5):45-54.

[108]宋芳秀.中国利率作用机制的有效性与利率调控的效果[J].经济学动态,2008,(2):55—59.

[109]宋旺,钟正生.我国货币政策区域效应的存在性即原因——基于最优货币区理论的分析[J].经济研究,2006,(3):46—58.

[110]苏亮瑜.我国货币政策传导机制及盯住目标选择[J].金融研究,2008,(5):25—34.

[111]孙明华.我国货币政策传导机制的实证分析[J].财经研究,2004,(3):19—30.

[112]王雪标,王志强.财政政策、金融政策与协整分析[M].大连:东北财经大学出版社,2001.

[113]王召.对中国货币政策利率传导机制的探讨[J].经济科学,2001,(5):75—84.

[114]王振山,王志强.我国货币政策传导途径的实证研究[J].财经问题研究,2000,(12):60—63.

[115]魏永芬,王志强.我国货币政策资产价格传导的实证研究[J].财经问题研究,2002,(5):20—24.

[116]吴中兵,杨雪,李松华.货币供应量对房价调控效应的实证研究[J].湘潭大学学报(哲学社会科学版),2013,(5):52—56.

[117]吴培新.我国宏观调空中的货币供应量和信贷规模[J].经济学动态,2008,(8):43—47.

[118]谢平,焦瑾璞.中国货币政策争论[M].北京:中国金融出版社,2002.

[119]徐高.基于动态随机一般均衡模型的中国经济波动数量分析[D].博士学位论文,2008.

[120]许伟,陈斌开.银行信贷与中国经济波动:1993—2005